김한진의
투자의 눈
투자의 길

# 김한진의 투자의 눈 투자의 길

1판 1쇄 인쇄 2025. 1. 27.
1판 1쇄 발행 2025. 2. 3.

지은이 김한진

발행인 박강휘
편집 심성미  디자인 박주희  마케팅 이헌영  홍보 이한솔
발행처 김영사
등록 1979년 5월 17일(제406-2003-036호)
주소 경기도 파주시 문발로 197(문발동) 우편번호 10881
전화 마케팅부 031)955-3100, 편집부 031)955-3200 | 팩스 031)955-3111

값은 뒤표지에 있습니다.
ISBN 979-11-7332-072-9 03320

홈페이지 www.gimmyoung.com        블로그 blog.naver.com/gybook
인스타그램 instagram.com/gimmyoung   이메일 bestbook@gimmyoung.com

좋은 독자가 좋은 책을 만듭니다.
김영사는 독자 여러분의 의견에 항상 귀 기울이고 있습니다.

# 김한진의
# 투자의 눈
# 투자의 길

김한진 지음

**불황을 돌파하라, 돈의 흐름을 읽어라**

김영사

# 경제의 미세한 음성을 들어라

거시 경제의 거센 파도는 전 세계 자산 가격을 춤추게도 하고 가혹한 시련을 주기도 합니다. 최근에는 선진국과 신흥국, 혁신 산업과 전통 산업 간의 온도가 점점 더 벌어지는 양상입니다. 새로운 기술을 장착한 기업들의 주가는 무섭게 오르지만 이런 조류에 뒤처진 기업들은 철저히 '왕따'를 당하는 세상입니다. 그리고 이러한 자산 시장 흐름은 거꾸로 거시 경제의 방향성을 바꾸기도 합니다.

코로나19 이후 각국의 무분별한 '종이 돈' 인쇄와 재정 적자 확대는 금 가격을 끌어올렸고 연방준비제도의 금리 인하에도 불구하고 인플레이션의 잔불과 국채 공급 증가는 장기 금리를 계속 부추기고 있습니다. 한편 달러화는 미국 경제의 우위를 반영해 다른 모든 통화를 누르고 줄곧 강세 행진을 하고 있습니다. 트럼프 2.0 시대의 관세 인상 부담에 정치 불안까지 겹친 우리 원화 가치와 주가는 고난의 길을 걷고 있고 한국 국채 금리는 경기 둔화를 반영해 폭락(채권 가격 상승) 중입니다.

이처럼 경제 환경은 자로 잰 듯이 정직하게 자산 시장에 투영되고 있죠. 이 거대한 체스 게임에는 전 세계 돈의 흐름과 소비 추세, 기업의 투자 활동과 부채의 변동, 신용 위험, 패권을 둘러싼 각국의 살벌한 싸움 등 모든 현상이 녹아 있습니다. 만약 우리가 전 세계 자본이 혁신 기술 쪽으로 대거 쏠리고 있고 미국 경제가 이토록 강한 것을 일찌감치 간파했다면 나스닥 중심의 미국 증시에 올인해 경제적 부를 키웠을 것입니다.

이처럼 거시 환경은 투자자들에게 늘 기회와 위험을 동시에 선사합니다. 경기는 불황과 호황을 넘나들고 그 와중에 주가를 비롯한 모든 자산 가격은 과매도와 과열을 오갑니다. 이때 거시 경제는 사람들에게 늘 속삭입니다. "지금은 경기 침체를 대비해야 할 때입니다." "이제는 경기 회복을 바라봐야죠." "지금은 파티에서 슬그머니 빠져나올 때입니다." "지금은 닥치고 아무거나 다 사야 합니다." 등등.

문제는 그 소리가 너무 작아 고도로 훈련되어 있거나 천부적 청력을 지닌 사람만이 이를 들을 수 있다는 것입니다. 만약에 독자 여러분이 거시 경제의 이 작은 신호를 감지하는 천부적 능력이 없다면 반복된 훈련을 통해 그 소리를 캐치해야 합니다.

거시 환경은 굶주림에 으르렁거리고 돌아다니는 못된 짐승들의 실체와 위치도 대략 알려줍니다. 이 괴물의 종류로 말할 것 같으면 '지독한 불경기나 악질의 인플레이션, 신경질적인 금리 급등과 가혹한 환율 폭락, 기습적인 금융 위기와 자산 시장의 거품 붕괴' 등 그 종자가 매우 다양하죠.

투자의 세계에서 만신창이가 되지 않으려면 거시 경제가 주는 이 신호들을 절대 놓쳐서는 안 됩니다. 원래 시장은 위험보다는 기회가 더 많도록 설계되어 있어 이 사악한 놈(위험)들만 잘 피한다면 나머지 기회를 잘 살려 좋은 것들을 누릴 수 있습니다. 적어도 지금까지는 그래왔습니다.

경제를 읽고 예측하는 데 오류와 허점이 없을 순 없습니다. 하지만 미세한 음성을 듣다 보면 혼돈의 여지를 줄일 수 있습니다. 저는 이 책이 '경제의 세밀한 음성을 듣는 데 꼭 필요한 야전 교범'으로 활용될 수 있으리라 감히 기대해봅니다. 아무쪼록 투자 활동을 통해 독자 여러분의 행복이 배가되기를 진심으로 기원합니다.

2025년 새해의 길목, 여의도에서
김한진

# 차 례

## 1) 경제를 알면 투자가 편하다: 중단기 경제 흐름

### 지금 어떤 이슈에 주목해야 하는가

### 트럼프 2기, 어떤 위험이 있는가

### 한국 경제의 기회는 무엇인가

## ② 건초 더미를 사라: 투자 유망 산업

**③ 미스터 마켓을 읽는 법: 투자의 지혜와 원칙**

# 경제를 알면
# 투자가 편하다

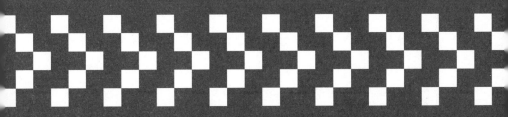

## : 중단기 경제 흐름

# 지금 어떤
## 이슈에
### 주목해야 하는가

>>> >>> >>> **세계 경제의 장기 이슈, 패권**

"경제를 통해 우리는 패턴과 사이클을 읽어야 한다. 기회를 만드는 상호 연결된 요소들, 사이클 내 현재 우리의 위치 등을 살피는 것이 중요하다."[1] 눈 앞의 작은 이슈에 정신이 팔려서 정작 중요한 흐름을 놓치는 우를 범하지 않으려면 늘 명심해야 할, 가슴에 와닿는 조언이다.

경제는 한순간도 쉬지 않고 움직여왔고 그 순환의 변곡점에는 늘 중요한 촉매가 있었다. 경제의 흐름 중에는 4~5년 주기의 중기中期 흐름도 있지만 이보다 훨씬 긴 수십 년의 장기 흐름도 있다. 경제는 결코 한자리에 머무는 법이 없고 오르내림을 반복하며 끊임없이 움직여왔다.

1854년 이후 장기 데이터를 축적하고 있는 전미경제연구소 NBER는 경기 변곡점을 판단하기 위해 고용, 산업 생산, 개인 소

12

## 1. 경기 순환 개념도

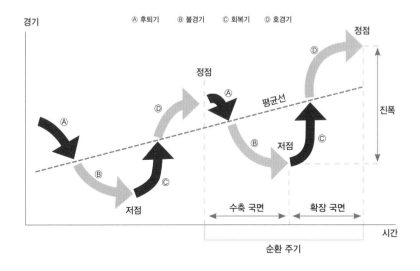

득, 제조업 활동 및 무역 거래 등 여러 지표를 종합적으로 고려한다. NBER에 따르면 미국 경제는 1802년부터 2024년까지 223년간 총 48회의 불황을 겪었는데, 불황(경기 수축)의 평균 기간은 19개월이었고 호황의 평균 기간은 36개월이었다.

한편 우리나라 통계청에 따르면 한국 경제는 1970년대부터 2024년까지 모두 여덟 차례 경기 변동을 겪었는데 미국 경기와 비슷하게 평균 불황 기간은 19개월이었고 호황 기간은 평균 34개월이었다. 그동안 한국 경기 변동에 가장 큰 영향을 미친 변수는 당연히 수출이었으며, 그 수출을 결정한 요인은 미국과 중국 경기, 환율과 에너지 가격 등이었다. 그만큼 우리 경제는 대외 의존도가 높은 가운데 변동해왔다.

대내적으로 한국의 경기 변동에 적지 않은 영향을 미친 부문이 있는데, 바로 건설 경기다. 실제로 수출이 어려울 때 우리 정부는 내수 진작을 목적으로 건설 경기를 부양해왔고, 그때마다 토목 주택 경기가 수출을 대신해 한국 경제를 보전해주었다.

경기 순환에는 몇 세대 이상 지속되는 아주 긴 사이클도 있는데, 제국의 흥망성쇠나 산업 기술의 대변혁 등이 이러한 초장기 경기 변동을 이끌었다.

패권(헤게모니Hegemony)이 변할 때는 경제의 중심 대륙과 국가가 통째로 이전하고 세계 경제의 주도권이 뒤집혔다. 한번 패권을 거머쥔 국가가 수십 년 또는 수백 년 동안 세계 경제의 운행 질서를 지배한다는 사실을 우리는 역사를 통해 잘 알고 있다.

1500년대 중국이 한 세기 넘게 패권을 지배한 뒤, 패권은 1600년대 네덜란드 암스테르담으로 넘어갔고, 1800년대 영국을 거쳐 마침내 1900년대 초반 미국 대륙으로 넘어왔다. 물론 그사이에도 몽골, 스페인, 오스만제국 등이 한때 패권을 장악했고 당시에는 이들도 패권 국가로 일정 기간 세계를 지배했다. 누구나 인정하는 사실이지만 최근 약 100년간 세계의 패권은 미국이 지배해왔고 앞으로도 이 추세는 좀 더 이어질 듯하다.

이런 미국의 패권에 근래 강력한 도전장을 낸 국가가 있으니 바로 중국이다. 중국이 비록 최근 전형적인 중진국 성장통(과잉 투자와 주택 시장 버블, 지방정부의 과잉 부채 문제)을 앓고는 있지만 미국의 실질 GDP에 벌써 70% 가까이 바짝 추격한 만큼 미국의 패권을 위협하는 중국의 위상을 무시할 수는 없다. 따라서 미국

## 2. 미국 GDP 대비 중국 GDP 비율

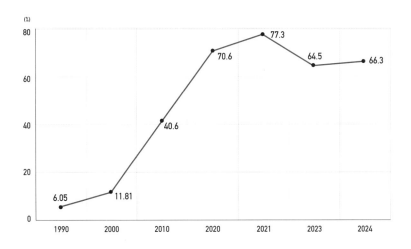

의 '중국 때리기'는 말 그대로 '끝까지 갈 일'이다.

앞으로 미·중 갈등은 무역과 기술, 산업 정책, 안보 등 전 분야에서 일상화될 것이다. 앞으로 이어질 이 길고 긴 갈등 과정에서 세계 각국은 패권을 지키려는 미국과 이에 도전하는 중국에 더 많은 영향을 받을 것이다. 그뿐만 아니라 앞으로는 통화 정책과 금융 시장, 환율 시장도 미·중 갈등 구도하에서 이해하고 예측할 필요가 있다고 본다.

### >>> >>> >>>  기술을 지배하는 나라가 패권을 잡는다

한 국가의 패권은 대형 기술의 지배와 연관성이 높다. 예나 지금이나 한 나라의 패권 유지에는 군사력이 필수인데 군사력은 경제력(생산량, 무역 점유율)에 따라 결정되기 때문이다. 또 그 경제력을 떠받치는 강력한 산업이 필수다. 그런데 산업은 곧 생산과 고용을 담당하는 기업의 합이고 기업이 크게 성장하려면 반드시 혁신 기술이 뒷받침되어야 한다. 역사를 보면 기술력의 변화가 경기의 슈퍼 사이클을 이끌었고 혁신 기술의 크기와 소비 파급 정도에 따라 장기 경기 파동이 결정되었음을 알 수 있다.

콘드라티예프 사이클Kondratiev Cycle의 장기 파동에서도 확인할 수 있듯이 모든 산업혁명은 범세계적인 장기 경기 순환과 일치했다. 새로운 기술이 기업의 새로운 투자와 일자리 창출, 메가 소비로 이어졌고 생산성 혁신이 대형 경기 사이클의 변곡점을 결정했다. 지금 세계가 처한 중장기 경기 순환의 대략적인 위치는 콘드라티예프 제6순환으로 인더스트리 4.0이 이끄는 새로운 산업혁명 초반 국면으로 추정된다. 즉 이 산업혁명은 지나온 기간(2010~2024년)보다 앞으로 진행될 기간(2025~2070년?)이 훨씬 더 길다.

앞으로 미국은 첨단 기술과 혁신 산업을 더욱 굳게 보호하고 금융 패권과 달러 패권을 유지하는 데 공을 들일 것이다. 문제는 미국의 이러한 패권주의가 환율이나 채권 시장에서 여러 왜곡(달러 강세, 금리 상승)을 불러올 것이라는 점이다. 또 이러한 왜곡

### 3. 슈퍼 사이클과 기술 혁신 파동

| 구분 | 기간 | 저점 | 고점 | 세계 경제 주도 산업 | 주요 사건 |
|---|---|---|---|---|---|
| 제1순환 | 1780~1830년 | | 1825년 | 증기기관, 목화 | 1차 산업혁명(기계적 생산) |
| 제2순환 | 1830~1880년 | 1847년 | 1873년 | 철도, 철 | 2차 산업혁명(전기, 대량 생산) |
| 제3순환 | 1880~1930년 | 1893년 | 1923년 | 전기, 화학, 중공업 | |
| 제4순환 | 1930~1970년 | 1939년 | 1956년 | 석유 화학, 자동차 | 1929~1939년 대공황 |
| 제5순환 | 1970~2010년 | 1989년 | 2000년 | 정보·통신 기술 | 3차 산업혁명(ICT 산업 혁신)<br>• 1974~1980년 석유 파동<br>• 닷컴 버블, 금융 위기 |
| 제6순환 | 2010년~ | | | AI, 컴퓨팅, 로봇 | 4차 산업혁명<br>• 2020년 코로나19 |

은 이들 가격 지표뿐만 아니라 자산 시장 전반의 변동성을 야기하고 더 나아가 각국의 경기 순환에까지도 영향을 줄 것으로 보인다.

미국의 관세 정책, 자국 내 공장 짓기, 차별적 통상 정책, 중간재 사용 규제, 기술 이전 규제, 수입 금지 조치 등은 글로벌 분업 시스템의 대수술을 뜻한다.

미국의 국익을 수호하는 이러한 정책에서 누군가는 피해를 입을 것이다. 내수 중심국보다는 수출 중심국이, 선진국보다는 신흥국이 더 큰 손해를 입을 것이다. 당사국인 미국에서도 가진 자(자본가)보다는 중산층이 더 큰 피해를 입을 것이다. 새로운 무역 질서는 비용, 물가, 금리 상승을 불러오기 때문이다.

이제 MAGAMake America Great Again(공화당 정강 정책)는 트럼프만의 전유물은 아니다. 카멀라 해리스가 대통령이 되었더라도 마찬가지였을 것이다. 이는 트럼프 1기(2017~2020년) 때 부과한 대중국 관세가 바이든 정부 때에도 계속 유지된 것만 봐도 알 수 있다. 급진적이냐 단계적이냐, 무조건 세게 부르고 협상을 하느냐 절차와 제도 안에서 협상을 벌이느냐, 동맹을 무시하고 국익을 추구하느냐 동맹국에는 어드밴티지를 제공하느냐, 관세를 통한 산업 정책이냐 다른 법(인플레이션 감축법IRA, 반도체·과학법 CHIPS&Science Act)을 통한 산업 정책이냐 등의 차이일 뿐이다.


>>> >>> >>>　미국 주도 4차 산업혁명이 이끄는 세계 경제

《제3차 산업혁명》을 저술한 제러미 리프킨은 "현재 4차 산업혁명이 진행되고 있다."라고 말했다. 앞으로 세계 경제는 어떻게 돌아갈 것인가?

장기 경기 순환 관점에서 세계 경제는 2060~2070년 정도까지 새로운 기술 혁신이라는 대주제로 운영되고 점차 4차 산업혁명의 세부 그림이 완성되어가는 쪽으로 전개될 것이다.

돌아보면 전 세계는 2010년 정도까지 4차 산업을 위한 혁신 기술의 씨앗을 뿌렸고 인터넷과 정보·통신 관련 기본 인프라를 구축하는 등 이 새로운 산업혁명을 맞이할 채비를 마쳤다. 이후 최근까지는 다양한 혁신 기술의 열매를 하나둘 맺기 시작하고 있다.

기업들은 시장 선점을 위해 앞다퉈 자본 지출을 늘리고 있고 실제 이들 혁신 재화(반도체, 모바일 기기, 데이터 센터 등)와 서비스(AI, 자율 시스템 등)에 대한 투자 및 소비가 실물 경기에 더 많은 영향을 미치고 있다.

4차 산업에는 생물학적·물리적·디지털 영역 간의 경계가 모호하다는 특징이 있어 기술의 발전 방향이나 이종 기술 간 융합, 파급, 발전 속도 등을 예측하기 어렵다. 따라서 우리의 제한된 사고로 기술 발전의 미래를 재단하는 것은 적절하지 않다고 본다.

앞으로 세계 경제는 4차 산업 강국(미국, 중국, 일부 유럽 국가)을 중심으로 돌아갈 것이고, 국가가 연구·개발과 기술 보호, 공급망 구축 등에서 좀 더 많은 역할을 담당할 것이다. 특히 국가가 기업의 후견인을 자처하는 트럼프 2기에는 이러한 조류가 더 강화될 전망이다. 앞으로 미국의 중국 제재가 심해질수록 우리 정부도 이로 인한 기업들의 피해는 최소화하고 반사 이익을 극대화하는 전방위 정책을 펼쳐야 하는 엄중한 과제를 안고 있다.

첨단 기술의 발전은 필연적으로 기술의 독과점화를 낳고 이를 억제하는 국내외 규제가 뒤따를 것이다. 또 각국의 견제와 기술 안보를 위한 공급망 규제, 산업 표준화 경쟁 등 기술 헤게모니를 거머쥐기 위한 치열한 싸움이 예상된다.

일례로 EU에서는 2024년 초 '디지털시장법DMA'이 전면 시행됐는데 이는 거대 플랫폼 사업자의 시장 지배력 남용을 막는 특별 규제법으로서, 구글과 애플 등 미국 빅 테크 여섯 곳이 지정된 바 있다. 과징금이 세계 연간 매출액의 20%에 달할 정도로

## 4. 4차 산업혁명 관련 과학·기술·산업 간 연계도

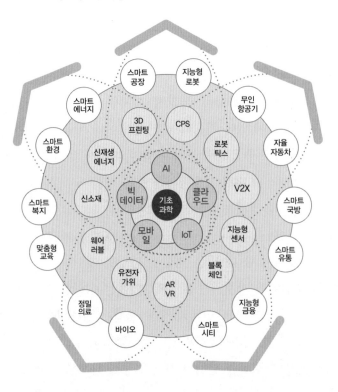

큰데 세계 각국이 유사한 법을 준비하고 있다. 영국의 마이크로
소프트 오픈AI에 대한 반독점 조사나 전기차 충전 시스템NACS
표준화 이슈 등도 비슷한 맥락이며 이 모든 정책 뒤에는 민·관
합동의 전략이 숨어 있다.

## >>> >>> >>> 미·중 갈등이 첨단 기술을 발전시킨다

우리는 세계 경제가 우여곡절 끝에 완만한 성장세를 이어갈 것으로 낙관한다. 무엇보다 기업의 부단한 생산성 혁신과 기술 발전을 동반한 창조적 파괴, 그에 따른 새로운 수요 창출 등 자본주의 경제의 역동성과 자생력을 믿기 때문이다. 첨단 산업을 둘러싼 미국과 중국, 여러 나라의 견제와 경쟁은 관련 산업의 발전을 더욱 촉진하는 채찍 역할을 할 것이다. "뒤처지면 죽는다."는 위기 의식과 절박함 때문이다.

미국은 현재 원천 기술이나 기술의 상업화 능력, 다른 산업과의 연계 발전 역량, 마케팅 능력 등 모든 면에서 중국을 앞서고 있다. 하지만 기술 비교라는 것은 단순한 문제가 아니다. 일부 분야에서는 중국이 미국을 앞서고 있고, 정보·통신 기술ICT: Information and Communications Technology, 소프트웨어 부문에서 미국과 중국의 기술 격차는 평균 1.6년으로 크게 줄어든 것으로 조사되고 있다(2022년 기준). 중국의 '미국 따라잡기'는 미국의 제재를 부를 것이고 특히 AI 분야(첨단 반도체 및 반도체 장비)에서 미국의 중국 제재가 더욱 심해질 것임은 불 보듯 뻔한 일이다.

근래 한 나라의 실질 경제 규모가 미국에 의미 있는 수준까지 근접한 사례는 1990년대 초 일본(미국 GDP의 75%)이 거의 유일하다. 물론 유로존 전체로는 1990년대와 2000년대 두 차례 실질 GDP 규모가 미국과 비슷해진 바 있다.

실질 구매력을 나타내는 구매력 평가 지수PPP: Purchasing Power Parity를 기준으로 양국의 GDP를 비교해보면 중국은 지난

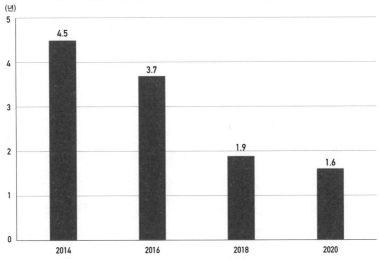

**5. ICT 및 소프트웨어 부문 미국 대비 중국의 기술 격차 추이**

2014년에 이미 미국을 추월했다. 중국의 물가가 더 싼 덕분이다. 경제 실력을 객관적으로 비교하는 데는 실질 GDP가 더 적합한데, 2024년 현재 중국의 실질 GDP는 미국의 63% 정도이다.

앞으로 양국의 성장 속도에 따라 달라질 문제지만 최근 중국이 당면한 성장통과 미국의 지속된 대중 견제를 감안할 때 중국이 미국 경제를 추월하는 시기는 당초 예상(2035년)보다 다소 늦어질 전망이다. 특히 중국이 당면한 대규모 부채 조정과 부동산 경기 침체, 자본 이탈, 고부가 산업 전환 등의 문제를 잘 풀지 못할 경우, 그 시점은 2040년을 훌쩍 넘길 수도 있다.

하지만 분명한 것은 양국의 실질 경제 규모의 격차는 시간이 갈수록 좁혀질 것이라는 사실이고 넉넉 잡아 30년 후에는 세

## 6. 중국 경제 성장률 전망

| 예측 기관 | 예측 연도 | 2020~2030년 | 2020~2050년 |
|---|---|---|---|
| 국제에너지기구 IEA | 2021년 | 5.2% | 3.6% |
| 블룸버그 | 2021년 | 5.0% | 3.7% |
| OECD | 2018년 | 4.0% | 2.6% |
| 세계은행 | 2019년 | 5.1% | 3.4% |

## 7. 대영제국과 미국의 헤게모니 변화

| | 영국 | 미국 |
|---|---|---|
| 전성 시기 | 1714~1740년<br>1815~1850년 | 1970년~현재 |
| 외부 쇠퇴 요인 | • 독일과의 30년 전쟁<br>• 미국, 일본 등 강대국 등장<br>• 식민지 민족주의 확산 | • 중국의 부상<br>• 사회주의 체제 연대<br>• 블록화와 기술 추격 |
| 내부 쇠퇴 요인 | • 국가 주력 제조업 쇠퇴<br>• 기업가들의 지주계급 안주<br>• 산업 공동화, 자본 유출<br>• 교육 시스템 약화 | • 재정 적자와 무역 적자<br>• 인종 갈등과 부의 편중<br>• 청교도 정신 쇠퇴 |

계 경제가 미국, 중국, 인도, EU의 G4 체제로 운영될 것이란 점이다. 즉 지금보다는 훨씬 더 다극화된 세계 경제 질서가 예상되며 미국의 세계 경제 주도권도 지금보다는 완연히 약해질 전망이다.

물론 중국이 미국을 추월한다고 해서 미국이 바로 망하는 것

## 8. 전 세계 실질 GDP 전망

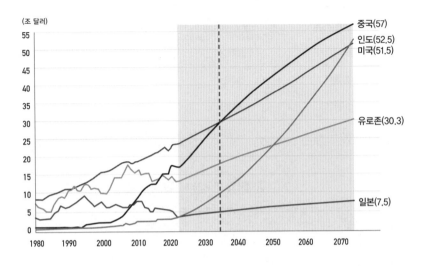

도 아니고 그런 일이 단기간 내에 일어날 리도 만무하다. 국가 헤게모니는 단순히 경제 규모만으로 결정되는 것은 아니고 또 어느 날 갑자기 바뀌는 것은 더더욱 아니다. 미국도 대내적으로 많은 문제(국가 부채, 소득 불균형, 마약 등 사회 불안 요소)를 안고 있지만 과거 대영제국의 쇠락 과정을 참고했을 때 중국이 미국의 경제력(실질 GDP)을 추격한 이후에도 한동안 미국의 위상은 여전할 것이다.

우리가 지금 우려하는 것은 중국이 미국의 패권을 추격하는 과정에서 일어날 여러 변화와 불확실성이다. 쫓는 자와 쫓기는 자의 갈등에서 비롯되는 세계 질서의 변화가 실물 경제와 자산 시장에 미치는 영향이 우리의 주된 관심사다.

여러 부정적인 일이야 웬만큼 다 알려져 있지만 반대로 긍정적 측면도 간과할 수 없다. 미·중 갈등 과정에서 가장 긍정적인 것이 있다면 그것은 혁신 기술의 발전일 것이다. 양국 모두 혁신 기술 우위를 점하기 위해 치열한 싸움을 벌일 것이기 때문이다.

한국이 당면한 과제는 이 변화하는 세계 질서에서 어떻게 핵심 기술을 발전시키고 세계 시장에서 점유율을 확대할 것인가에 있다. 이 이전투구의 시장에서 '새우 등 터지기'가 되기보다는 어떻게 '어부지리를 누릴까' 하는 것이 관건일 것이다. 민·관 합동의 과감한 전략 수립과 협력이 더 중요해졌다. '국가 첨단 전략 산업 특별법'과 기타 산업 특별법의 보완 내지 제정이 절실하다.

### >>> >>> >>>   코로나19 이후 경기 소순환

"경제를 접근할 때 경기가 지금 어디쯤 와 있는지에 대해 대략적인 위치를 파악하는 것으로 충분하다. 단기 이슈보다는 오래 지속되는 것에 관심을 가지는 것이 좋다."[2] 경기 순환을 실전 투자에 잘 적용하기 위해서 우리가 무엇에 초점을 두어야 할지를 조언한 금과옥조 같은 말이다.

이제는 기간을 조금 좁혀서 현재 진행 중인 소순환 경기에 대해 살펴보자. 과거 세계 경기의 소순환 평균 기간을 적용해보면, 2025년부터 2070년까지의 장기 경기 순환 기간 중에 짧은 경기 순환은 수차례 발생할 것이다.

세계 경제의 중심인 미국을 기준으로 보면, 직전 침체를 딛고

## 9. 미국 경기 동행 지수

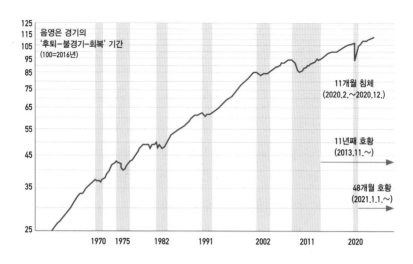

음영은 경기의
'후퇴-불경기-회복' 기간
(100=2016년)

11개월 침체
(2020.2.~2020.12.)

11년째 호황
(2013.11.~)

48개월 호황
(2021.1.1.~)

2021년부터 2024년까지 약 48개월간 경기 호황이 지속되고 있다. 참고로 1970년 이후 미국의 경기 호황은 67개월(5년 7개월)이었다. 그러나 코로나로 인한 짧은 경기 조정 구간(2020년 2월~2020년 말)을 제외하면 미국의 경기 호황은 2013년 11월부터 2024년 말까지 11년째 진행되고 있는 셈이다. 최근에는 코로나19로 인한 대규모 통화 살포와 재정 지출이 미국 경기를 호황으로 이끌고 있고 여기에 고용 시장의 수요 우위(구인난)와 IT 기업 위주의 실적 호조로 경기 호황이 길어지고 있다.

앞으로 미국과 세계 경기가 언제 호황(확장)을 마무리하고 침체로 반전될지, 침체에 빠진다면 불황이 얼마나 지속될지에 대해 의견이 분분하다. 필자는 미국은 주가 하락 시점에서 짧고 가

## 10. 2025년부터 둔화가 예상되는 세계 경제 성장률

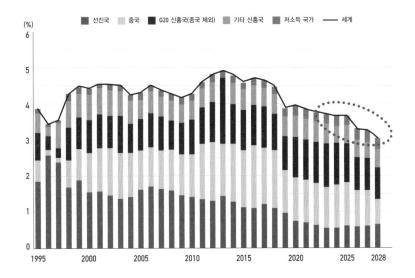

벼운 경기 침체를 겪을 확률이 높다고 보는데, 그 주가 하락의 촉매는 금리 상승이고, 금리 상승의 원인은 잠재 성장률을 웃도는 미국의 양호한 경기와 트럼프 정부의 고압 경제 정책에 있다고 본다. 즉 아이러니하게도 경기와 증시가 너무 좋은 것이 경기 침체를 부르는 원인이라는 것이다.

설혹 이 예측이 빗나간다 해도 2025년은 분명히 이런 테스트를 한 번쯤 받는 시기가 될 것이다. 다만 미국의 경기 침체는 일종의 싱크홀 현상과 같아서 한두 분기의 기술적 경기 침체로 기록될 가능성이 높아 보인다. 즉 월 스트리트의 문제(주가 과열)가 메인 스트리트의 일시적 균열(경기 침체)로 나타나는 정도라는 것이다.

그러나 미국 이외 국가들의 경기는 미국보다 약하고 국가별로
도 차이가 있을 것으로 예상한다. 미국은 다른 나라에 비해 고용
시장의 수급이 타이트(양호)한 편이고 기업들의 경쟁력도 우위에
있고 물가와 금리 상승을 흡수할 수 있는 생산성 개선 요인도 높
은 데다 자산 시장의 거품도 적기 때문이다.

특히 관세 정책을 포함한 트럼프 2.0 정책의 충격이 나라마다
다 다르기 때문에 각국의 경기 차별화는 어느 정도 불가피해 보
인다. 문제는 미국의 관세율 인상 정도와 상대국의 보복 관세 부
과 정도에 따라 세계 교역의 둔화 폭과 달러 강세 폭이 결정될
것이므로, 수출 중심 국가인 한국, 중국, 일본, 아시아 신흥국들
의 경우, 경기와 환율 시장의 불확실성이 오래 지속될 수 있다는
점이다.

특히 한국은 미국의 관세 인상으로 원화 가치가 추가로 떨어
지면 수입 물가가 튀며 내수가 더 침체되고 환율 불안으로 금리
인하 자체도 어려워지는 등 경기 부담이 클 수 있다. 여기에 중
국 제품의 범람이 더해질 경우 트럼프 2.0 시대의 가장 큰 피해
국이 될 수 있다. 다만 미국의 공급망을 얼마나 잘 뚫고 대중국
제재의 반사 이익을 얼마나 누리느냐가 경기 충격을 결정할 것
이다.

# 트럼프 2기,
## 어떤 위험이
# 있는가

경기 흐름을 실전 투자에 활용하려면 우선 현재의 경기 위치 (점점 좋아지는 추세인지 점점 나빠지는 추세인지, 경기가 더는 좋아지기 어려운 국면인지 더 나빠지기 어려운 국면인지 등)를 대략적이라도 파악하는 것이 중요하다.

하지만 우리는 현실 경제에서 경기 순환의 변곡점을 정확하게 짚어내기 어렵고, 그것을 정확하게 안다 해도 자산 시장의 움직임은 보통 경기에 앞서가는 데다 그 선행 정도도 다 달라서 경기 전망을 투자에 적용하기가 쉽지 않다.

경기를 전망하기 어렵다면 그 대안으로 경기의 특징을 잘 파악하는 데 힘써야 한다. 비록 경기 변곡점을 콕 찍어 맞추지는 못하더라도 경기의 특징을 통해 경제가 발신하는 여러 정보들을 투자에 접목하고 활용할 수 있기 때문이다.

증시는 항상 경제 환경이 제공하는 기회와 위험을 반영한다.

특히 경기의 취약 부문을 집중해서 봐야 하는 이유는 그 위험 때문에 '증시를 떠날 결심'을 하기 위함이 아니라 잠복된 위험이 세상 표면 위로 드러나는 정도에 따라 전략을 조정하기 위함이다. 즉 우려했던 위험이 해소되고 극복된다면 적극적인 투자를 이어가면 되고, 그 반대라면 위험 관리에 치중하면 된다. 이러한 취지에서 경기의 중요한 특징들과 몇 가지 위험을 정리해보면 다음과 같다.

### >>> >>> >>>  미국발 금리 상승의 여파

미국 경기는 트럼프 2기 정부가 출범하는 2025년 이후에도 호황이 지속될 것이란 기대가 크다. 2013년 말 이후 장장 11년간 이어져온 경기 확장(코로나 기간 짧은 침체 기간 제외)에 따른 피로감이 나타날 법도 하지만 미국 경기는 2024년까지 양호한 성장률을 기록했고 이어서 바통을 이어받은 트럼프 2기 정부는 특유의 고압 경제를 계획하고 있기 때문이다.

하지만 악마는 디테일에 있는 법이다. 법인세율 인하와 규제 완화 등 여러 수요 진작 정책들과 관세 인상과 불법 이민자 송출 등 인플레이션 유발 정책이 집권 초기에 빠르게 진행될 경우, 미국의 물가와 금리는 다시 상승 압력을 받을 것이고 이는 미국 경기뿐만 아니라 세계 경기 전체를 억누를 수 있다. 유로존과 중국, 아시아 신흥국 경기는 그렇지 않아도 지금 미국보다 현저히 약한데 트럼프 2.0 경제 정책의 본질은 이들 국가의 수요를 미국

## 11. 트럼프 2기 거시 환경

| 구분 | 2017년(트럼프 1기) | 2024년 12월 |
|---|---|---|
| CPI | 2.10% | 2.70% |
| 근원 PI | 1.80% | 3.30% |
| 서비스 인플레이션 | 2.59% | 4.80% |
| 기준 금리(FFR 상단) | 0.75% | 4.50% |
| 국채 10년 | 2.39% | 4.62% |
| GDP 대비 정부 부채 | 104.30% | 124% |
| GDP 대비 재정 수지 | −3.40% | −6.40% |
| 달러(DXY) | 92.0 | 108.0 |
| 원달러 환율 | 1,153.90 | 1470.8 |
| 엔달러 환율 | 113.36 | 157.8 |
| GDP 대비 경상수지 | -2.3% | -3.4% |
| S&P500 PER(선행) | 16.1배 | 22.3배 |
| GDP 대비 시가총액 | 110.0% | 206.0% |

으로 이전하는 성격을 지니고 있기 때문이다.

문제는 높아진 물가와 금리 압력인데, 트럼프 2.0 경제 환경이 이전 정부와는 차원이 다르다는 것을 부인하기 어렵다. 돌아보면 지금의 인플레이션 환경은 트럼프 1기가 시작된 2017년과는 근본적인 차이가 있다. 2024년 말 미국의 근원 물가와 서비스 물가 상승률은 2017년보다 약 2배나 높고 GDP 대비 정부 부채 비율과 GDP 대비 재정 수지 비율은 각각 20%p 높고 3.0%p 낮은 상태다.

또 미국의 GDP 대비 총통화$M_2$ 비율은 코로나 감염병이 시작되기 전인 2019년 말 70%에서 지금은 90%에 이른다. 트럼프의 여러 정책들이 없었어도 인플레이션이 재점화될 위험이 충분히 있고 국채 발행 증가로 장기 금리가 오르기 쉬운 환경이란 점을 간과해서는 안 된다.

만약 미국발 금리 상승이 전 세계로 번지면 기업과 가계의 부채 상환에 어려움이 커지고 각국 은행들의 채권 평가손(미국은행의 경우 4조 달러 규모)과 그로 인한 은행의 건전성 이슈가 표면 위로 떠오를 것이다.

금리가 일정 수준 이상으로 오르면, 살짝 거품이 낀 주식 시장도 결국 그 부담을 이기지 못하고 꺾일 것이고 이에 따라 실물 경제도 악영향을 받을 것이다. 즉 '주가 하락 → 경기 둔화 → 신용 경색 → 경기 둔화 → 주가 하락'의 악순환이 일어날 수 있다.

성장성 높은 기술주 섹터의 주가 상승이 정당화되고 주가가 더 오르려면 기업 이익이 계속 뒷받침돼야 한다. 하지만 언젠가 기업 이익이 잠시 주춤해지는(이익 모멘텀이 약해지는) 순간, 과열된 주가는 큰 폭의 조정을 보일 수밖에 없으며 증시의 약세장(통상 약세장은 20% 이상의 주가 지수 하락) 반전 시 소비는 위축되고 기업들의 자본 투자도 꺾이고 신용 경색도 불거질 것이다. 이런 점에서 큰 폭의 주가 하락은 단지 주식 투자자들에게 국한된 문제가 아니다.

## >>> >>> >>> 고용 둔화와 일시 순환 침체 예상

이번 경기가 호황에서 침체로 전환하는 신호는 먼저 고용 지표에서 그 힌트를 얻을 수 있을 것이다. 원래 고용 지표는 경기 후행 지표이지만 지금처럼 고용이 이례적인 호황을 보이다가(미국의 경우) 정상화될 때는 실업률과 임금 상승률이 물가와 금리 정책, 소비에 모두 큰 영향을 주기 때문에 고용 사정의 변화 자체가 오히려 경기 전반을 결정한다.

돌아보면 대부분의 국가들은 팬데믹 기간 중 노동 공급의 단절(이민 억제, 국경 봉쇄, 자발적 은퇴 등)이 컸고 이에 따라 노동 시장의 수급 불균형이 확대됐다. 이후 고용 시장은 2024년에 제자리로 돌아왔다.

최근 노동 시장은 국가마다 편차가 큰데, 미국은 노동 공급 부족(수요 우위)이 뚜렷한 국가이고, 유로존과 일부 신흥국, 특히 중국은 노동 수요가 약한 편이다.

고용 시장만 봤을 때 일부 국가는 이미 디플레이션에 진입했다. 미국 역시 노동 시장이 조만간 공급 과잉으로 바뀔 위험이 있다. 즉 구인율(경제 활동 인구 대비 기업 채용)이 낮아지고 해고가 늘면 실업률이 급하게 올라갈 것이고, 이는 소비 둔화와 해고 증가라는 악순환으로 이어질 것이다.

멀쩡했던 고용 시장이 갑자기 싸늘하게 식는 것을 우리는 과거에 종종 목격했다. 노동 수요가 일정 수준 밑으로 빠지면 고용 버퍼가 사라지면서 실업률이 급증하는 성향이 있다. 보통 기업 이익이 둔화될 때 기업의 노동 수요가 급감하는데 이렇게 고용

## 12. 미국의 베버리지 곡선

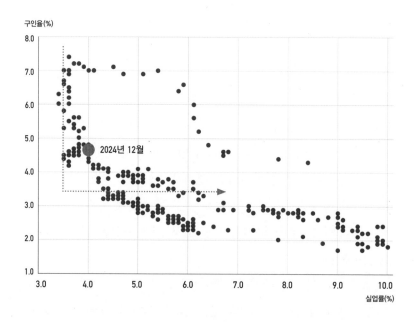

구인율(%)

2024년 12월

실업률(%)

시장이 식으면 민간 소비가 위축되고 이는 다시 고용 감소로 이어지는 순환 침체Rolling Recession에 빠진다.


>>> >>> >>> **중앙은행의 한계와 고장 난 금융 시스템**

2008년 글로벌 금융 위기 이후 중앙은행들의 통화 정책의 마술 쇼가 지속되어왔다. 한때 중앙은행들이 금리를 제로 금리와 마이너스 금리라는 극한까지 밀어붙였는데 이때도 물가는 안정됐다. 사람들을 이를 '뉴 노멀New Normal'이라고 칭송했고 정말 그렇게 믿었다.

뒤에서 상세히 다루겠지만 향후 각국 중앙은행들의 금리 인하 폭은 예상보다 작을 것이다. 구조적인 물가 압력이 높기 때문인데 이는 주로 2008~2022년까지의 통화 팽창과 국가 부채 증가 때문이다. 사실 트럼프 2.0은 그 위에 세워진 또 하나의 물가 금리 부담에 불과하다.

한국은 금리 인하의 경기 부양 효과가 적어서 중앙은행의 역할이 제한적인 나라다. 한국 경제의 근본적인 문제는 앞서 지적했듯이 자원 배분의 비효율성과 산업 구조의 전환 미흡, 성장 산업에 대한 정책 지원 부족 등 실물 쪽 요인이 더 크다. 금리 인하가 수출을 촉진할 수는 없는 노릇이고 내수 부양 효과에 한정되는데 내수 부진의 근본 요인은 고금리가 아니라 양질의 일자리 부족과 조기 은퇴, 그리고 막대한 가계 부채와 주택에 치중된 가계 자산 구조 때문이다.

세상에 완벽한 통화 정책이란 없고, 그런 것이 있어도 경기 추세를 완전히 바꾸기는 어렵다. 금리 인하가 경기에 만병통치약이 될 수는 없으며 금리 인하의 손이 닿지 않는 영역도 많기 때문이다. 가령 금리 인하가 금융 비용 절감을 통해 가계 소득과 기업 이윤을 보전해줄 수는 있어도 명목 소득 자체를 높여줄 수는 없으며, 중앙은행이 채무자 대신 부채를 갚아주지도 못한다. 또한 금리 인하가 신용 취약자의 가산 금리를 낮춰줄 수는 없다. 금리 인하로 없던 일자리가 갑자기 생기지도, 예정에도 없던 채

## 13. 연준의 기준 금리와 하이일드 금리

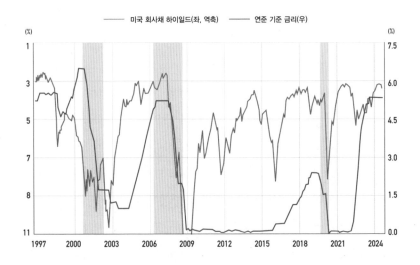

—— 미국 회사채 하이일드(좌, 역축)   —— 연준 기준 금리(우)

용이 늘지도, 쌓인 재고가 팔리지도 않는다.

금리만 내리면 모든 것이 다 해결될 것으로 보는 견해도 있지만 통상 경기 둔화 시 중앙은행이 금리를 계속 내려도 회사채 시장에서 신용 가산 금리는 계속 오르는 경우가 더 많아 긴장의 끈을 늦출 수 없다.

금리 인하기 때 하이일드 채권(신용 등급이 낮은 회사가 발행한 고수익, 고위험 채권) 이자율이 오히려 오르는 현상은 낯설지 않다. 인하된 금리가 그림의 떡인 신용 주체가 더 많다는 것을 의미한다. 사후적으로 금리 인하기는 대개 경기 둔화 국면이었기에 회사채 신용 등급이 강등되는 기업이 늘어난다. 또한 이것이 당시에 부채로 가장 부풀어오른 자산군(주식이나 부동산)을 무너뜨리는 경우가 많다.

더 중요한 것은 중앙은행이 금리를 내려도 지금은 시장 금리가 반드시 이에 비례해 떨어지는 시대가 아니라는 점이다. 통화정책과 시장의 장기 금리 간 연결고리가 약해진 이유는 국가 부채와 국채 발행의 증가 때문이다.

2024~2025년의 금리 인하 사이클에서도 '끈적한' 근원 물가(변동성이 큰 에너지와 음식료를 제외한 물가)와 트럼프 정부의 경제정책 등을 반영해 금리 인하와 무관하게 장기 금리는 오름세를 보일 것이다. 과거 금리 인하 시기를 봐도 단기 금리가 장기 금리보다 더 많이 떨어지는 수익률 곡선 스티프닝steepening(가팔라짐) 현상을 보이기 일쑤였다.

또한 앞으로는 중앙은행이 경기를 완벽하게 통제하고 지원하려고 할수록 곳곳에서 금융 시스템의 고장 신호가 접수될 것으로 보인다. 장기 금리가 통제되지 않는 것도 그런 현상 중의 하나지만 중립 금리(경기를 부양도 제약도 안 하는 기준 금리)가 올라 금리 인하가 중도에 멈추고 금리 인하에도 불구하고 자산 가격이 떨어지는 현상도 예상된다.

앞으로 더 우려되는 것은 지나치게 완화적인 통화 정책이 반복될 경우 경기 침체로 인한 자본주의 경제의 긍정적인 기능들(자산 거품 억제, 건강한 경기 순환, 효율적 자원 배분, 경기의 내성 강화, 창조적 파괴 기능)이 약해질 것이란 점이다. 어쩌면 지금 세계 중앙은행들은 아직도 그들 의도대로 경기의 방향성을 바꿀 수 있다는 오만에서 벗어나지 못하고 있는지도 모른다.

>>> >>> >>>　　　신용 경색 예고편과 신호

　　　　　미국 경제 전문지 〈포천〉은 S&P글로벌 인텔
리전스 보고서를 인용해 2024년 상반기 중에 미국에서 일어난
기업 파산 신청 건수가 최근 3년 중 가장 많은 총 346건을 기록
했다고 보도했다. 또 〈AP통신〉에 따르면 지난 3년간 벌어들인
수익으로 대출 이자조차 감당하지 못하는 '좀비 기업'(한계 기업)
이 미국에서는 2천 개사, 전 세계에서는 7천 개사였다.
　특히 신흥국 기업들의 부채 비율이 근래 크게 증가했는데,
2024년 5월에 나온 OECD 보고서에 따르면 2023년 3분기 말 현
재 회사채와 은행 대출을 합친 기업 총신용 대비 GDP 비율이
80%가 넘는 신흥국은 태국, 말레이시아, 칠레, 중국 등이다. 이
가운데 중국 기업의 GDP 대비 부채 비율은 2008년에 94%에서
2023년에는 168%까지 높아져 중국이 독보적인 기업 부채 폭증
국가로 주목받고 있다.
　그리고 선진국과 신흥국 기업들을 모두 합친 전 세계 기업들
의 회사채 만기와 대출 만기 일정을 보면 2024년부터 4년간 기
업 부채 상환 만기가 집중되어 있는 것으로 나타났다. OECD 보
고서(2024년 9월)에 따르면 2025~2027년까지 전 세계 기업이 발
행한 회사채의 37%의 만기가 도래하는데 이들은 처음 발행 금
리보다 더 높은 금리로 차환할 것으로 예상된다. 따라서 기업 신
용 위험이 가장 높은 기간은 2025년부터 약 3년이 될 것이며, 이
기간이 기업 부채가 경기를 해치기 가장 쉬운 기간이라고 봐도
무방할 것이다.

## 14. 전 세계 회사채 및 대출 만기 규모

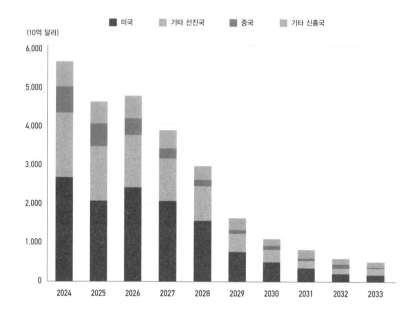

결국 많은 기업들의 재무 부담이 이미 높아져 있는 것은 분명한데, 앞으로 금리는 낮아지고 경기 모멘텀은 높아진다면 이러한 위험은 크게 걱정하지 않아도 된다. 하지만 경기가 위축되고 시중 금리가 높아진다면 답이 없다.

이미 어느 정도 실체가 드러나 마치 예고편처럼 한 번씩 상영된 바 있는 금융 불안 문제들이 있다. 중국의 부동산 관련 기업 부채, 미국의 상업용 부동산 부채와 은행 부실 문제, 한국의 가계 부채와 프로젝트 파이낸싱PF: Project Financing(부동산 관련 중간 연결 금융) 관련 부채 문제 등이 그것이다. 이들은 2022~2024년에

## 15. 선진국의 상업용 부동산 가격

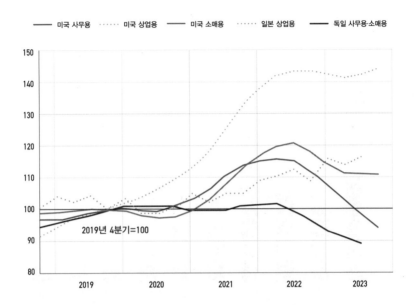

━━ 미국 사무용 ⋯⋯ 미국 상업용 ━━ 미국 소매용 ⋯⋯ 일본 상업용 ━━ 독일 사무용·소매용

2019년 4분기=100

신용 경색의 뇌관으로 잠시 주목을 받은 바 있다.

중국의 지방정부 부채와 부동산 관련 기업의 부채는 편중된 자원 배분과 집값 거품에서 비롯되었다. 중국 주요 도시 PIRPrice Income Rate(소득 대비 집값 비율)는 2022년에 50배를 넘었는데, 과잉 주택 재고와 집값 버블을 해소하는 데에는 오랜 시간이 소요될 것이다. 중국 지방정부는 그간 토지 사용권을 민간에 팔아 수익을 올려 성장 재원으로 사용해왔는데, '땅값 상승 → 지방정부 수입 증가 → 지방정부 성장 가속 → 땅값 및 집값 상승 → 지방정부의 수입 증가'라는 선순환이 더 이상 가능하지 않을 뿐만 아

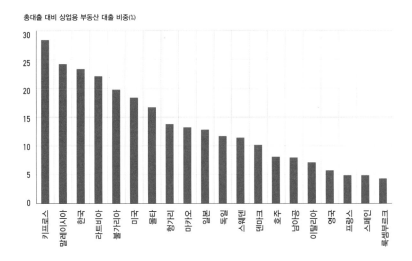

총대출 대비 상업용 부동산 대출 비중(%)

니라 이제는 오히려 반대 방향으로 가고 있기 때문이다.

한편 미국의 상업용 부동산 문제는 아직은 관리 가능한 수준이지만 앞으로 공실률이 더 오를 경우 문제가 될 것이고 우리의 가계 부채와 부동산 관련 부채 문제는 장기간 한국의 내수 경기를 약하게 만드는 주범이 될 것이다.

>>> >>> >>>　　재정 악순환과 국가 부채 비상

늘어나는 국가 부채도 적지 않은 위험 요인인데 지금처럼 국가 부채가 급증한 상태에서 민간 신용이 어려워지면 국가가 나서서 이를 정리할 힘이 현저히 떨어진다.

IMF는 2024년 10월 연례 재정 모니터 보고서에서 2024년 세계 공공 부채가 100조 달러를 돌파할 것으로 내다봤다. 이는 세계 GDP의 약 93%에 해당하는 규모이며 코로나 팬데믹 이전의 2019년과 비교하면 5년 만에 10%p나 높아진 수치다. 특이한 점은 최근 세계 공공 부채 증가는 미국과 중국이 상당 부분을 차지하고 있다는 것이다. 양국의 공공 부채를 빼면 세계 GDP 대비 공공 부채 비율이 20% 정도 줄어드는 것만 봐도 이를 알 수 있다.

2024년 미국의 공공 부채 비율은 123% 수준인데 2029년에는 이 비율이 140%에 달할 것으로 전망되고 있다. 한편 중국도 이에 뒤질세라 2024년 83.4%에서 2027년에는 100%를 훌쩍 넘길 것으로 관측된다. G2 말고도 2008년 이후 장기간 GDP 대비 국가 부채가 빠르게 늘어난 국가는 선진국 중에서 일본, 스페인, 영국, 프랑스, 호주, 이탈리아 등이며, 신흥국 중에서는 남아공, 아르헨티나 등이다.

코로나19 이전부터 낮은 금리로 방만하게 재정을 운영하고 국가 부채를 늘려온 전 세계 정부가 코로나19를 겪으면서 엄청난 보건 비용 및 보조금을 지출한 바 있기에 대부분 국가의 공공 부채는 이미 부풀 대로 부푼 상태다. IMF는 대다수 국가에서 고령화, 친환경 에너지 전환, 안보 문제, 그리고 국영 기업의 손실 등에 대처하기 위해 앞으로 정부 지출이 더 가파르게 늘어날 것으로 예상했다.

OECD는 2024년 9월 보고서에서 전 세계 국가가 발행한 국

## 17. 미국과 중국의 공공 부채 추이와 전망

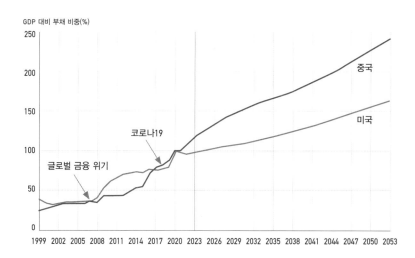

GDP 대비 부채 비중(%)

채는 2008년 25조 달러에서 코로나19 직전인 2019년 47조 달러까지 약 2배 증가했는데, 이후 2020년부터 4년간 18조 달러가 급증해 2023년 65조 달러를 기록하고 있다고 밝혔다. 코로나19로 인해 4년 만에 40%의 국채가 추가로 발행된 셈이다.

더욱이 전 세계 정부의 국채 중 40%가 2025~2027년 3년간 집중적으로 만기가 도래하며 원래 발행했던 금리보다 높은 금리로 차환될 것이란 점은 향후 국채 이자율의 상승을 예고한다.

그런데 이렇게 한번 늘어난 국가 부채와 재정 적자는 더 많은 공공 이자 비용과 국채 발행을 필요로 한다는 점이 큰 부담이다. 많은 국가들의 예산 구조를 보면 경직성 예산이 크게 늘어나 있어 이른바 '재정의 악순환' 가능성이 높다. 과도한 재정 팽창은

## 18. 2008년 금융 위기 이후 크게 늘어난 정부 부채

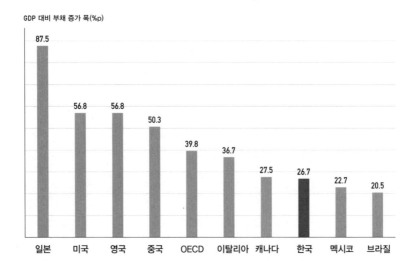

GDP 대비 부채 증가 폭(%p)

| 일본 | 미국 | 영국 | 중국 | OECD | 이탈리아 | 캐나다 | 한국 | 멕시코 | 브라질 |
|------|------|------|------|------|----------|--------|------|--------|--------|
| 87.5 | 56.8 | 56.8 | 50.3 | 39.8 | 36.7 | 27.5 | 26.7 | 22.7 | 20.5 |

중립 금리와 기대 물가를 올린다. 또 국채 발행 물량이 증가함에 따라 기간 프리미엄도 높아진다. 즉 장기 국채 금리가 폭등할 수 있는 환경이 점차 조성되고 있다고 해도 과언이 아니다.

지금은 제2차 세계대전 이후 세계적으로 GDP 대비 국가 부채가 가장 높은 수준을 보이고 있다. 역사적으로 경제 위기는 공공 부채를 치솟게 만들었고 그렇게 감당하기 어려운 수준의 부채는 그 다음 경제 위기의 씨앗을 잉태하곤 했다. 이렇듯 위기와 부채는 밀접한 관계를 보여왔다. 당장 역대급 경제 위기가 오지는 않는다 해도 지속 불가능한 수준의 공공 부채 수위는 각국의 경기 대응 역량을 훼손하고 크고 작은 위기를 쉽게 허용하는 약점으로 작용할 것이다.

## 19. 글로벌 국가 부채와 경제 위기 역사

또한 분명한 것은 경제 위기가 발생할 경우 각국 중앙은행들은 아마도 또 다시 대규모 유동성을 투입할 것이란 점이다. 다람쥐 쳇바퀴 돌듯이 '위기 발생과 부채 증가, 유동성 살포의 순환'이 언제까지 가능할지는 솔직히 알 수 없다. 문제는 이러한 세계적 경제 위기나 금융 위험이 발생하면 기축 통화국보다는 신흥국의 피해가 항상 컸다는 사실이 우리를 두렵고 불편하게 한다.

>>> >>> >>>　　**또 신흥국이 제물이 될 것인가**

　　　　　　시선을 좀 달리해서 부채 조정과 환율 변동의 연계선상에서 어떤 위험이 숨어 있는지를 점검해보자.

　보통 경기 둔화 사이클에서는 안전 통화 선호로 달러가 강세를 보이기 쉬운데 이때 국가 부채가 크게 불어난 국가의 통화 가치는 하락 압력을 더욱 받게 된다. 통화 가치가 떨어지면 경기가 둔화돼도 수입 물가가 오르고 금리도 상승해 부채 조정 위험이 더 커질 수 있다. 이런 상황에서는 경기 부양책 효과도 떨어지게 된다.

　국가별로 보면 독일, 영국, 사우디아라비아 등은 대외 순자산이 플러스 상태라서 이러한 위험에서 자유롭다. 또 유로존과 일본 등 선진국은 대외 순자산이 마이너스 상태(대외 부채가 더 많음)여도 그 부채의 대부분이 자국 통화로 구성되어 있어 달러 강세의 부정적 영향을 상대적으로 적게 받는 편이다.

　반면에 대다수의 신흥국들은 달러 표시 부채가 많아 대외 부채 위험에 노출되기 쉽다. 많은 개도국과 저개발국의 경우 선진국 못지않게 근래 나라 전체의 부채가 커져 있어 달러 강세와 세계 경기 둔화 시에 금융 안정성이 크게 훼손되고 외환 시장의 2차 충격 위험을 안고 있다.

　주요 신흥국 가운데 대외 순부채에서 달러 표시 부채 비율이 높은 국가는 튀르키예, 브라질, 인도 등이고, 한국, 캐나다, 일본 등 선진국들도 달러 부채가 많아 달러 강세 시 부채 상환 부담이 커지고 환율 변동에 따라 금융 안정성이 위협받을 수 있다.

## 20. 대외 순자산 구성 통화 비율

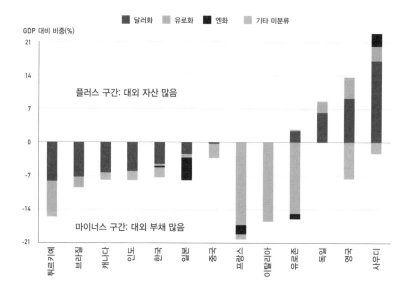

투자의 구루 워런 버핏 버크셔 해서웨이 회장의 말대로 지금은 수영장에 물이 가득 차 있어 위험이 가려 있지만 수영장의 물이 빠지기 시작하면 누가 수영복을 입지 않았는지가 적나라하게 드러날 것이다.

물론 지금까지 열거된 여러 위험 요소들을 무조건 두려워할 필요는 없다. 잠복된 위험이라고 해서 당장 폭탄처럼 다 터지는 것은 아니기 때문이다.

부채 관련 위험은 언제나 존재했고, 인지하고 있는 위험에는 항상 대비도 이뤄지기 마련이다. 어쩌면 어느 정도 통제 가능하고 질서 있는 부채 조정은 다음 경기 회복으로 가기 위한 통과의

레이자 경제의 찌꺼기를 청소하고 경제 체질을 더 강화하는 절차이기도 하다.

하지만 당장의 고통이 두려워 빚을 더 내고 돈을 더 푸는 방식으로 문제를 해결하다 보면 언젠가 정말 재앙에 가까운 위기가 눈앞에 닥칠지도 모른다는 생각을 지울 수 없다.

# 한국 경제의
##        기회는
# 무엇인가

>>> >>> >>>　**한국 경제가 걸어온 길**

　　　　　　　한국 경제는 1960년을 기점으로 고도 성장을 구가해왔다. 한국의 경제 개발 계획(경제개발 5개년 계획. 제4차부터는 경제사회개발로, 제5차부터는 경제사회발전으로 명칭이 수정됨)은 박정희 정부 주도로 수립되어 1962년부터 1996년까지 총 일곱 차례에 걸쳐 진행되었다.

　어느 나라나 경제 발전 초기에는 국내에 축적된 자본이 거의 없으므로 정부가 앞장서 해외에서 원조나 차관을 조달해 국내 기업들에 배분하는 성장 모델을 채택한다. 한국도 예외는 아니었다. 더구나 한국은 전 세계에서 보기 드물게 정부가 강한 리더십을 발휘해 경제 발전을 이룩한 국가였으며 정직하고도 모범적으로 민간 기업에 산업 자본을 잘 배분한 개도국이었다. 아마도 군사 쿠데타로 정권을 잡은 박정희 정부가 그 정당성을 국민에

## 21. 한국 경제사회 발전 과정

| 명칭 | 시작 연도 | 종료 연도 | 비고 |
|---|---|---|---|
| 제1차 경제개발 5개년 계획 | 1962년 1월 13일 | 1966년 | 경공업 육성 |
| 제2차 경제개발 5개년 계획 | 1967년 | 1971년 | 새마을운동 시행 |
| 제3차 경제개발 5개년 계획 | 1972년 | 1976년 | 중화학 공업 육성 |
| 제4차 경제개발 5개년 계획 | 1977년 | 1981년 | 자력 성장(목표) |
| 제5차 경제개발 5개년 계획 | 1982년 | 1986년 | 물가 안정, 무역 수지 흑자 시대 |
| 제6차 경제개발 5개년 계획 | 1987년 | 1991년 | 1988년 하계올림픽 개최 |
| 제7차 경제개발 5개년 계획 | 1992년 | 1996년 | 1인당 국민 소득 1만 달러 달성 |

게 보여주기 위해 경제 발전에 더욱 집중했기 때문일 것이다.

한국은 1970년대와 1980년대에 걸쳐(제3~5차 경제개발계획 기간) 화학, 철강 등 기간 산업과 철도, 도로, 항만, 공항, 통신, 산업 공단 등 사회 기반 시설을 빠르게 구축해나갔다. 그 과정에서 한국은 자연스럽게 거대 재벌 기업 집단을 중심으로 성장했고 대기업 위주의 산업 구조가 정착되었다.

한국 국민 특유의 근면성과 교육열, 경제 발전 의지가 정부의 강한 경제 리더십과 만나 시너지 효과를 낳았다. 탄탄한 기간 산업과 양질의 인적 자원을 바탕으로 전기·전자, 석유 화학, 조선, 자동차, 기계 산업을 중심으로 한국은 수출 중심형 경제를 빠르게 이룩해냈다.

하지만 이후 대외 경제 환경 악화(동아시아 환율 시장의 도미노식

평가 절하)와 무분별하게 늘어난 기업 부채, 중화학 공업 부문의 중복 과잉 투자로 인해 1997년에서 1998년까지 한국 경제는 역사상 유례없는 경제 위기를 맞았다.

IMF 구제 금융으로 불리는 이른바 '외환 위기'는 한국 경제에 혹독한 시련이었지만, 돌아보면 그것은 환부를 통째로 도려낸 대단히 큰 수술이었고 동시에 전화위복의 사건이었다. 한국 경제가 이후 2000년대부터 다시 승승장구할 수 있었던 것은 바로 외환 위기로 인한 비자발적이고 신속한 산업 구조 조정과 기업의 빠른 부채 조정, 비효율 제거 덕분이었다.

여기서 말하는 비효율이란 경제 개발 초기부터 오랫동안 뿌리 깊게 지속되어온 정·경 유착 관행과 금융 산업의 비효율, 낙후된 자본 시장 등이다. 중진국에서 선진국으로 도약하는 중대한 시기에 한국은 외환 위기라는 외과적 수술을 통해 경제 체질을 완전히 바꾸었고 이후 산업 고도화(부가 가치 향상)에 성공해 선진국으로 도약할 수 있었다.

비록 외환 위기로 국민은 이루 말할 수 없는 고통을 겪었지만, 그 희생 덕분에 한국은 중진국 함정에 그리 오래 빠져 있지 않았다. 온 국민의 단합된 노력으로 외환 위기를 슬기롭게 극복한 우리나라는 2000년대부터 모든 산업에서 한 단계 도약을 순조롭게 이루어냈고 실물 경제를 뒷받침하는 금융 시장과 자본 시장도 크게 발전할 수 있었다.

거의 모든 산업에서 국제 경쟁력이 높아졌고 수출 기업의 지경이 전 세계로 넓어졌으며 수출 기업이 국제 기업으로서 위용

## 22. 한국의 경제 발전 과정

| 구분 | 1960년 | 1970년 | 1980년 | 1990년 | 2000년 | 2024년 |
|---|---|---|---|---|---|---|
| 인구(천 명) | 25,012 | 32,241 | 38,124 | 42,869 | 47,008 | 51,751 |
| 1인당 GDP | 1,027 | 1,977 | 4,056 | 9,365 | 16,992 | 35,570 |
| 실업률(%) | 11.7 | 4.5 | 5.2 | 2.5 | 4.1 | 2.3 |
| GDP 대비 수출(%) | 2.6 | 11.4 | 28.4 | 25.0 | 33.9 | 35.7 |
| GDP 대비 총고정 투자율(%) | 5.8 | 18.7 | 29.7 | 38.4 | 33.8 | 30.1 |
| 도시화율(%) | 27.7 | 40.7 | 56.7 | 73.8 | 79.6 | 81.5 |
| GDP 1차 산업 비중(%) | 36.6 | 26.5 | 14.3 | 7.6 | 3.9 | 2.0 |

을 갖추게 되었다. 2000년부터는 디지털 산업(가전, 휴대전화, 디스플레이, 반도체)에서 일본을 앞서면서 IT 혁신 산업이 수출 주력 산업으로 확고히 자리를 잡았다. 때마침 중국의 대외 개방과 산업화는 한국 수출 기업들의 대중국 중간재 수출 신장에 힘을 실어줬다. 또한 1999년부터 한국은 정부 주도로 초고속 통신망 구축에 10조 4천억 원을 투자하는 등 IT 강국을 향한 총력을 쏟아부었다. 그 결과 한국은 디지털 경제로의 빠른 전환을 이루어냈고 관련 산업의 발전을 이끌어낼 수 있었다.

## >>> >>> >>>　수출에서 나온 이상 신호

하지만 2010년대 들어와 한국의 수출 증가율은 그 이전보다 현저히 둔화되기 시작했다. 수출은 여전히 한국 경제의 주요 성장 동력이었지만 수출이 경제 전반을 이끄는 힘은 다소 떨어졌다.

그간 대기업 1세대 총수들은 탁월한 기업가 정신으로 과감한 설비 투자와 발 빠른 기술 모방, 적극적 해외 시장 개척을 통해 한국의 핵심 산업을 세계 수준으로 만들었지만, 2012년 동일본 대지진 이후 이러한 성장 모델은 본격적으로 도전받기 시작했다. 밖으로는 범용 산업에서 중국 등 신흥국들의 추격이 거세졌고 안으로는 임금 등 생산 요소 가격이 오르면서 대외 수출 경쟁력이 약해졌기 때문이다.

우리나라도 첨단 수출 산업이 나름대로 약진했지만 메모리 반도체와 휴대폰, 자동차 등 소수 산업에 국한되었고 반도체 핵심 장비와 고부가 정밀 화학, 소재, 제약·바이오 등에서는 선진국의 견제를 계속 받은 데다 특히 OS(Operating System) 등 IT 소프트웨어와 글로벌 소비재 부문에서 아직 경쟁력이 미흡하다 보니 전체 수출 산업의 부가 가치 증대에 한계가 있었던 것으로 평가된다.

돌아보면 2010년대부터 세계 IT 산업은 큰 변혁기를 맞이했고, 내로라하는 글로벌 테크 강자들이 이때부터 본격 성장을 구가했던 반면, 우리 기업들은 이러한 기술 변화에 계속 뒤처져왔다.

특히 2013년 전후로 중국의 양적 성장이 크게 둔화되자 그간

## 23. 최근 경제 성장을 주도하지 못하는 한국의 수출 증가율

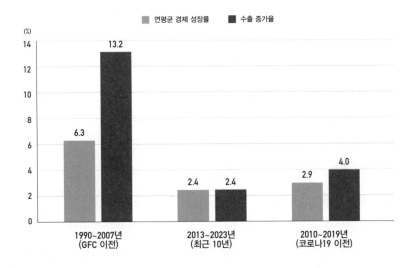

중국으로 향하던 중간재 수출도 크게 줄기 시작했다. 게다가 기업들의 해외 공장 이전이 가속되면서 국내 고정 투자(설비 투자와 건설 투자)가 위축되었고 우리나라도 중국처럼 양적 성장률이 둔화되었다.

주지하는 바와 같이 한국 경제는 지금 기존의 제조업과 4차 산업의 조화를 통해 산업 전반의 질적 짜임새를 한 단계 높여야만 하는 중요한 시기에 있다. 2024년 11월 한국경제인연합회(한경협)가 2014년부터 2024년까지 한·중 무역 특화 지수TSI: Trade Specification Index를 분석한 결과, 한국은 2022년 20.2를 기록해 중국(24.0)에 처음으로 역전 당했을 뿐만 아니라 2023년에는 20.1로 중국(26.7)과의 격차가 더 벌어졌다.

## 24. 산업의 발전 과정 개념도

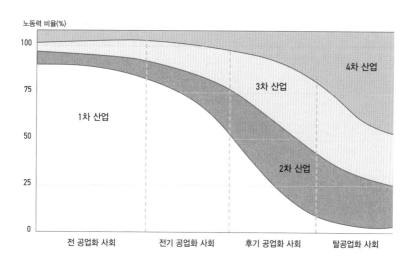

노동력 비율(%)

- 1차 산업
- 2차 산업
- 3차 산업
- 4차 산업

전 공업화 사회 · 전기 공업화 사회 · 후기 공업화 사회 · 탈공업화 사회

   특히 트럼프 2기에 중국에 부과되는 고율의 추가 관세는 중국의 범용 소재 산업(화학 철강)의 저가 물량 공세를 유발할 수 있어 우리도 관세 대응과 함께 장기적으로는 기존 중화학 공업 가운데 범용 산업의 비율은 체계적으로 낮추고 고부가 수출 산업의 경쟁력을 한 단계 높여야 한다.

   산업 비중 조절과 고부가 전환이라는 당면 과제는 사실 선진국에 진입한 국가라면 예외 없이 겪는 과정이자 진통이다. 특히 우리나라처럼 인구가 많은 선진국은 더욱 그렇다. 1970년 이후 반세기를 숨 가쁘게 달려온 한국 경제가 직면하고 있는 핵심 문제와 앞으로 해결해야 할 과제들이 무엇인지를 냉정하게 짚어보고 대응해야 할 때다.

이하는 한국 경제의 구조적인 환경 특징들과 몇 가지 과제를 정리한 것이다. 문제 제기에서 끝낼 일이 아니라 이제라도 민·관 합동의 비상한 대책이 시급하다. 대응이 이미 늦었다.

>>> >>> >>>   **저성장의 고착 가능성**

                              첫째, 한국 경제는 앞으로 '경제 성장률 둔화'가 고착될 것이다. 더 엄밀하게 말하면 저성장의 지속 가능성이 매우 높다. 한국 경제는 2010년 전후로 이미 저성장 경제 체질로 바뀌었다. 한국은행에 따르면 2001년에서 2005년까지 5.2%에 달했던 한국의 잠재 성장률은 2006~2010년에는 4.1%로 낮아졌고, 이후 2011~2015년에는 3.2%로 더 낮아졌다. 앞으로 우리나라 잠재 성장률은 2023~2027년에 2.1% 이하로 더 낮아지고 2030~2034년 1.3%를 거쳐 2040~2044년에는 0.7%로 주저 앉을 것으로 전망된다.

이처럼 잠재 성장률이 계속 둔화하는 가장 큰 이유는 노동 투입의 감소와 총고정 자본 형성의 둔화에 있다. 노동 투입량 감소는 경제 활동 인구 감소도 원인이지만 기업의 설비 투자 저하와 생산 활동 위축과도 관계가 높다. 높아진 국내 인건비 등 높은 생산 원가는 노동 집약적인 제조업을 위축시키는 요인이다.

현재 한국의 주력 대기업도 주로 기술과 자본 집약 산업에 집중하고 있으므로 예전보다 고용 유발 효과가 크게 낮아졌고, 중소기업은 (잘 나가는 몇몇 업종을 제외하고는 전반적으로) 고용을 크게

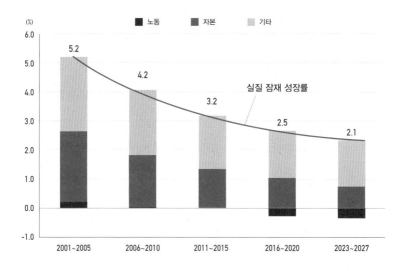

## 25. 한국 잠재 성장률의 추이와 전망

(%)
■ 노동   ■ 자본   ■ 기타

실질 잠재 성장률

5.2
4.2
3.2
2.5
2.1

2001~2005   2006~2010   2011~2015   2016~2020   2023~2027

늘릴 여유가 없다.

이 같은 노동 수요 위축은 조기 은퇴자를 양산하고(평균 31세에 취업해 49세에 은퇴), 이는 구조적인 저출산과 노인 빈곤, 내수 시장 위축으로 이어지고 있다. 여기에 이미 낮아진 출산율과 돌이킬 수 없는 인구 고령화는 내수 부진을 더 심화하는 요인으로 작용할 것이다.

한편 고정 자본 형성 둔화도 한국의 잠재 성장률을 위협하는 요인이다. 기업의 설비 투자가 둔화하는 원인도 국내에 공장을 지어 돈을 벌기가 점점 어려워지고 있기 때문이다. 최근 철강과 석유화학 산업 등의 기존 공장에서 계속되는 가동 중단 결정은 범용 산업의 경쟁력 둔화와 중국의 저가 공세 때문이다.

또한 미국의 공장 이전 강요 정책이 국내 설비 투자를 가로막고 있다. 2021년 이후 바이든 정부 4년간 한국 기업의 미국 현지 공장 투자는 약 140조 원에 달한 것으로 추정되고 있다. 만약 이 공장들이 한국에 건설됐더라면 최소 20만 개 이상의 일자리와 매년 0.3%p 이상 경제 성장률이 더 증가했을 것으로 추산된다.

이 밖에 글로벌 탄소 중립 정책도 제조업 전반의 가동률을 떨어뜨리는 요인이다. 고탄소 유발 산업의 경우 국내 설비 투자를 접고 해외로 공장을 이전하려는 움직임을 보이고 있다.

한편 건설 투자 둔화도 향후 잠재 성장률을 낮추는 요인이 될 것이다. 예전에는 경기 둔화를 막고 경기 회복의 마중물로 삼으려고 정부가 사회 간접 자본 투자를 늘리고 주택을 짓고 민간 신용(빚)을 늘렸다. 이제는 국가 재정도 부담이고, 비효율이 큰 토목 부양책을 무작정 집행하기도 쉽지 않은 데다 가계 부채도 꽉 차 예전의 경기 부양 공식이 통하기 어려워졌다.

만약 앞으로도 저효율 토목 경제와 무분별한 국민 보조금 지급 등 휘발성 경기 부양책이 계속된다면 한국의 내수 경기는 희망이 없다. 아마도 국가 부채와 재정 적자 확대로 금리 상승과 원화 가치 하락이라는 비용을 지불해야 할 것이다. 또 앞으로 인구 둔화와 독립 가구 수 정체를 감안할 때 주택 건설도 잠재 성장률 개선에 크게 기여하지 못할 것이다. 전 국토를 효율적으로 사용해야 내수 경제 부흥에 도움이 될 텐데, 지금처럼 수도권 집중에서 벗어나지 못한다면 지방 소멸과 자원의 비효율적 배분으로 인해 내수 경제가 더 어려워질 것이다.

## >>> >>> >>>　　구조 개선보다 단기 성장률에 급급한 정부

　　　　　　　어느 나라 정부나 집권 기간 중에 경기를 좋게 만들려는 욕구는 똑같다. 행정부와 집권 정당은 정권 재창출을 위해 어떻게 해서 든 경제 지표를 '멋있게' 만들기 위해 총력을 기울인다. 이것은 정부의 당연한 의무이고 국민을 위해 반드시 그래야만 한다.

　다만 국민 경제의 구조 전체가 중대한 변화의 자리에 있다면 좀 더 긴 안목에서 어젠다를 설정해 국민적 공감대를 이끌어 내고, 미래에 반드시 필요한 새로운 판(성장 잠재력)을 과감히 깔아야 하며, 필요하다면 고통(구조 개혁)을 기꺼이 감내하고, 자를 것(누적된 비효율과 폐단)은 잘라야 할 것이다. 단기로는 경제에 부담이더라도 더 좋은 미래를 위해 응당 그렇게 추진하고 국민을 설득하는 게 의회가 할 일이고 정치적 리더십일 것이다.

　돌아보면 한국 정부와 의회는 지난 수십 년간 단기 경제 성적표에만 집중한 면이 많았다고 평가할 수 있다. 어느 정부나 그간 집중한 공통된 경제 정책을 보면 비용 대비 효익이 낮은 사회 간접 자본 투자나 휘발성 가계 지원, 비싼 집이나 비싼 전세를 구하는 데 필요한 부동산 대출 프로그램이 주를 이뤘다.

　그중에는 물론 국민 복지나 생활 편의 제고를 위한 정책도 있었고 반도체 육성이나 초고속 통신망 구축 같은 건설적인 정책도 있었지만 문제는 그런 정책들이 너무 적었다는 것이다. 지난 십수 년간의 정부 정책 중 "세월이 지나서 보니 그때 그 정부가 했던 그 일이 정말 국가의 백년대계를 보고 참 잘한 일이었구나!"라는 감탄사를 절로 나오게 만드는 일은 너무 적었다.

경제 구조를 뿌리째 개선하기보다는 단기 성장률을 높이기 위한 땜질식 정책에 급급하다 보면 결국 한국 경제는 계속 제자리를 맴돌 것이다. 일자리 창출과 고용 안정을 위한 산업 구조 개선, 중소기업 육성과 벤처기업 지원, 혁신 산업 지원 등에 정부투자의 초점을 맞춰야 한다.

실제로 최근 우리나라는 AI 산업 투자에 소극적이다. 관련인프라에 대한 투자 미비로 글로벌 데이터센터의 유치도 너무 뒤처지고 있으며 핵심 기술에 대한 국가 연구·개발 투자도 2023년을 정점으로 오히려 줄고 있는 실정이다.

이미 미국 등 선진국에서는 첨단 산업 발전을 위한 정책 지원이 경기 부양의 핵심으로 자리 잡고 있다. 경제 내 잉여 자본으로 혁신 기술을 부양하고 자원이 기업 경쟁력을 높이는 쪽으로흘러갈 수 있도록 적극 유인하고(주식 시장과 벤처 생태계 조성) 최적의 산·학 협동 체계를 만들어가고 전문 인력을 보호·육성하는 데 총력을 기울여야 하는데도, 우리는 여전히 가계가 빚을 내서 집을 사는 데에만 정책 초점이 맞춰져 있다.

2022년 기준 한국의 가계 비금융 자산 비율은 63.2%로 미국(33.8%)이나 일본(37.2%)의 2배에 달하고 영국(46.8%), 캐나다(46.3%)보다 높다. 이처럼 부동산에 쏠린 가계의 자산 구조는 국가 전체의 자원이 어디로 집중되고 있는지를 간접적으로 나타낸다. 자본이 부동산에 쏠릴수록 생산적인 투자가 줄고 기업으로 자본이 흘러 들어가지 못함으로써 산업 전반의 활력이 떨어진다. 또 부동산에 묶인 자산 구조는 내수 소비를 제약하고 경기 활력을 저해할 수밖에 없다. 30여 년 전 일본의 경우를 반면교사 삼아 정부는 기업과 증시로의 자금 물꼬를 시원하게 터줘야 한다.

정부 투자도 이제 개념을 완전히 바꿔야 할 때다. 하드웨어 중심에서 소프트웨어 중심으로, 물적 중심에서 인적 자원 중심으로, 정부의 직접 투자 중심에서 민간을 통한 투자 유인 중심으로 변해야 한다.

트럼프 2기가 시작되는 2025년부터는 미국과의 협상 과정에서 우리 산업을 지원하는 데 정부 지출이 집중되어야 한다. 우선 반도체와 자동차, 이차전지 산업에 대한 과감한 지원이 시급하다. 또 방위 산업, 조선, 원자력, 전력 기기, 바이오 산업, 우크라이나 재건 산업 등을 유리하게 포지셔닝하는 데 있어서 미국이 원하는 것을 충족하려면 정부가 바빠질 것이다.

통상 개도국과 저개발국의 경우, 정부 투자의 효율성이 선진국에 비해 낮은 이유는 토목 중심의 투자, 매몰비용만 점점 커지는 선심성 투자, 민간 투자를 밀어내는 Crowding(구축) 투자가 많고 정부의 지출이 엉뚱한 곳으로 줄줄 새기 때문이다.

특히 정치 후진국일수록 비용 대비 산업 정책의 효익이 낮은 이유는 정부 지출과 관련된 의사 결정 과정이 비합리적이고 정치적이며 단기 효과에 집착하기 때문인데, 이는 결국 이를 최종 승인하는 의회의 기능이 약하기 때문이다.

여야가 국가 경쟁력을 높이는 일을 두고 치열하게 밤새 토론

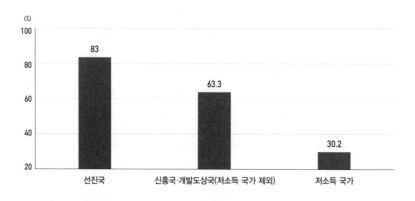

하고 싸우고 입법을 해야 함에도 지금 한국은 작은 정쟁적 이해
충돌에 갇혀 있다. 여야를 막론하고 삼류 정치를 계속하는 하는
한, 한국은 결코 더 좋은 선진국으로 발전할 수 없을 뿐 아니라
곧 '잃어버린 10~20년'을 맞이할 것이다. 아니, 어쩌면 다시 개
도국 또는 그 이하의 수준으로 전락할 수도 있다.

>>> >>> >>>    **구조적 내수 부진의 늪**

둘째, 한국 경제는 앞으로 시간이 갈수록 구
조적인 내수 부진에 빠질 위험이 있다. 내수 부진의 가장 큰 이
유는 고용의 88%를 감당하는 중소기업들의 고용 수용 능력 한
계일 것이다. 공공기관, 공무원, 대기업, 중견기업의 고용을 다
합쳐도 12% 정도밖에 안 된다는 의미는 중소기업이 발전하지

않는 한 대한민국의 고용 사정이 좋아지는 데는 한계가 있다는 뜻이다. 대기업과 중견기업의 부가 가치 증가가 더디고 그마저도 굵직한 생산 설비가 해외(주로 미국)로 빠져나가면서 중소기업 역시 힘든 상황을 맞는 등 악순환이 문제다.

고용 부진과 함께 자연 인구의 감소, 급속한 고령화, 비싼 주거비, 생활 물가 상승도 내수를 억누르는 요인이다. 여기에 과도한 가계 부채도 우리나라 내수 부진의 주요인으로 꼽을 수 있다. 2024년 6월 말 기준 우리나라 가계 신용 잔액(가계 대출과 결제 전 신용카드 사용 금액의 합)은 1,896조 2천억 원이다. 이 중 가계 대출 잔액은 1,780조 원이고, 이 금액의 61.4%(1,092조 7천억 원)가 주택 담보 대출이다.

문제는 금융권 대출뿐만 아니라 공공기관이 내주는 대출, 보증 등 정책 금융의 규모도 빠른 속도로 불어나고 있다는 점이다. 2023년 말 기준 전세금 보증 등 공공기관의 정책 금융 잔액은 1,868조 4천억 원으로 5년 전과 비교하면 50.4%나 증가했는데 이는 같은 해 중앙정부 기준 국가 채무(1,092조 5천억 원)보다 1.7배나 많은 수준이다. 물론 이들 정책 금융은 거의 부동산에 집중되어 있다. 높은 가계 부채 비율과 대출 금리는 가계의 이자 비용을 높임으로써 내수 소비를 계속 억누르는 요인이다.

국제결제은행BIS에 따르면 2023년 한국 가계의 총부채 원리금 상환 비율DSR은 14.2%로 세계 주요 17개국 중 노르웨이(18.5%), 호주(18.0%), 캐나다(14.4%)에 이어 네 번째로 높은 수준이다. 2024년 1분기 한국의 가계 부채 비율은 GDP 대비 98.9%로 BIS

## 27. 주요국 총부채 원리금 상환 비율

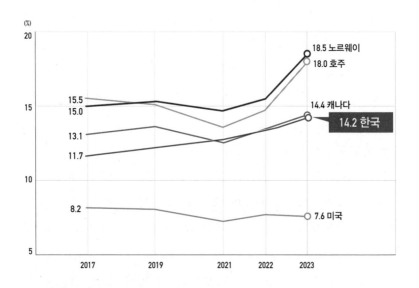

가 선진국으로 분류하는 11개국 중 스위스(126%), 호주(109%), 캐나다(101%)에 이어 4위다. 미국, 일본은 각각 71.8%, 63%에 불과하다. 우리보다 가계 부채 비율이 높은 선진국은 실효세율이 높고 노후 복지도 잘되어 있어 이를 감안해야 한다.

이처럼 높은 가계 부채 비율과 조기 은퇴자의 증가, 고령층의 경제적 취약성, 공적·사적 연금의 부족, 열악한 자영업 환경 등 지금 한국 가계가 처해 있는 환경은 그 어느 때보다 열악하다. 특히 고용이 뒷받침되지 않으면 소비 한계가 있는데, 앞서 설명한 바와 같이 고용 불안정성이 가장 큰 문제다. 한국의 실업률은 2024년 10월 현재 2.3%로 낮은 편이지만, 이는 정규직 중심

## 28. 한국의 평균 소비 성향

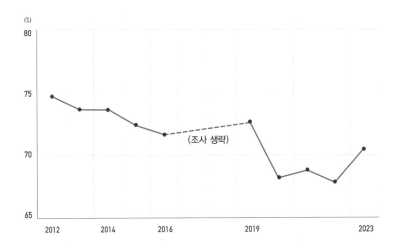

(조사 생략)

의 양질의 일자리 부족으로 구직 단념자가 많기 때문이다. 청년 (15~29세) 실업률은 5.5%에 달하며 특히 고용의 질이 열악하다. 이처럼 소비를 충분히 지원할 정도로 고용 구조가 강하지 않고 소득이 획기적으로 늘지 않는 한 앞으로 가계의 평균 소비 성향 은 정체될 확률이 높다.

한국 가계(자영업자 포함)가 부동산과 관련된 부채에 묶여 있다 고 한다면 한국의 기업은 평균적으로 낮은 수익성과 누적 부채 에 시달리고 있다. 2023년 말 국내 기업의 신용 규모는 1,900조 원으로 코로나19 직전인 2019년에 1,150조 원이었던 것과 비교 해 65%(750조 원)가 증가했다. 재벌닷컴 분석에 따르면 우리나 라 30대 대기업의 2023년 이자 비용은 2022년 대비 1년 만에 약

## 29. 한국 기업의 이자 보상 배율

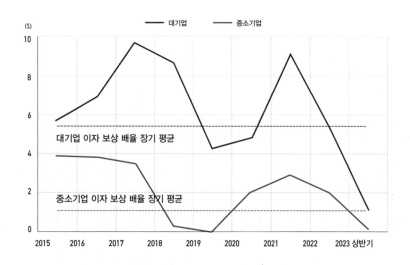

3배가 늘어났고, 이자 보상 배율(기업 영업 이익 대비 이자 비용 비율. 3년 연속 이 비율이 1배 미만이면 한계 기업으로 분류함)은 86%나 낮아져 2.0배를 기록했다. 한국은행에 따르면 국내 기업의 평균 이자 보상 배율은 2021년 말 8.7배에서 2023년 상반기에는 1.2배로 매우 빠르게 악화되고 있다.

앞으로 한국은행이 기준 금리를 내려도 신용 가산 금리가 오르면 금리 인하기라 해도 기업 이자 비용은 오히려 오를 것이다. 경기가 약해지면 기업의 영업 이익이 줄기 때문에 금리 인하와 관계 없이 이자 보상 배율은 오히려 더 악화되는 경우가 많았다. 또 2023년 말 기준 136조 원의 국내 부동산 프로젝트 파이낸싱PF 대출 잔액 가운데 최대 70조 원의 부실 PF 대출은 신용 경색의 뇌관으로 여전히 잠재해 있다.

2024년 11월 기준, 저축은행 79개사 중 36개사의 연체율이 10%를 웃도는 것을 보면 PF 관련 부실과 중소 건설 업계의 심각성을 알 수 있다. 이처럼 기업들의 과잉 부채와 낮은 수익성, 재무 건전성 저하는 경제의 활력을 저해하고 특히 내수를 위축하는 요인이 될 것이다.[3]


>>> >>> >>>    **산업 구조의 대변혁 과제**

셋째, 한국 경제는 앞으로 전체 산업에서 부가 가치가 낮은 제조업의 비율은 좀 더 낮아지고 부가 가치가 높은 서비스 산업의 비율은 높아질 것이다. 또 그렇게 변해가야 한다.

2008년 세계 금융 위기 이후 최근까지 각국의 상황을 보면 혁신 기술력과 성장 산업의 유무에 따라 경제의 양적·질적 차이가 벌어졌다. 즉 산업 전환을 잘한 국가와 그렇지 않은 국가의 성장 격차가 뚜렷했다. 2000년 이후 디지털 환경에 잘 적응한 국가가 더 높은 부가 가치를 창출했던 것처럼, 지금은 새로운 기술 생태계를 잘 조성하고 이를 혁신적으로 발전시키는 국가가 더 많은 부가 가치를 가져가는 세상으로 이미 변했다.

한정된 물적, 인적 자원을 어디에 배분할 것인지에 따라 앞으로 일국의 경제 운명이 달라질 것이다. 자원을 기술 발전에 적극 배분해야 고용과 기업 수익과 무역 수지가 개선되고 생산성 개선으로 물가 또한 안정될 수 있다.

## 30. 주요국 제조업과 서비스업 비율

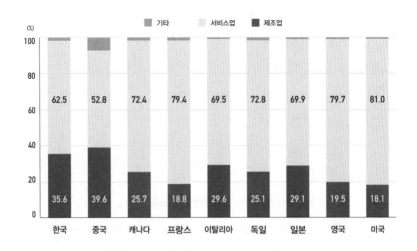

한국의 제조업 비중은 GDP의 35.6%로 미국(18.1%), 일본 (29.1%), 독일(25.1%), 이탈리아(29.6%), 프랑스(18.8%) 등 다른 선진국과 비교해 높은 편이다. 제조업 비율이 높다는 것은 자랑할 일이다. 그만큼 그 나라 경제의 기초 체력과 고용 기반이 튼튼하고 중산층이 두껍다는 것을 뜻하기 때문이다. 다만 그 제조업의 부가 가치가 개선되어야만 그런 의미를 부여할 수가 있다.

국민 소득이 높아질수록 어느 나라나 높은 제조업 비율을 유지하기가 어려워진다. 작은 도시국가가 아닌 이상 대다수 선진국들의 경우 GDP 대비 제조업 비율이 계속 낮아져 왔는데 그 이유는 각종 원가 상승과 기피 업종 증가, 공해 유발 등 사회적 비용 증가, 후발 경쟁국의 추격 때문이다.

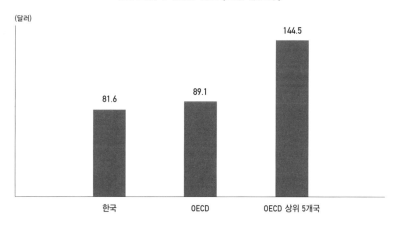

## 31. 노동자 1인당 GDP(노동 생산성)

(달러)

- 한국: 81.6
- OECD: 89.1
- OECD 상위 5개국: 144.5

무엇보다도 치솟는 임금 탓에 국민 소득 증가와 높은 제조업 비중은 양립하기 쉽지 않다. 지식 기술 집약적인 제조업 비율이 더욱 늘거나 부가 가치가 높은 서비스업이 부가 가치가 낮은 제조업을 대체하지 못하면 국민 경제는 정체 내지 후퇴를 면치 못하는 것이 일반적인 현상이다.

경제가 성숙될수록 제조업이든 서비스 산업이든, 생산성과 부가 가치가 높은 다른 업종이 그 자리를 대체해줘야 한다. 이른바 양적 성장에서 질적 성장으로 변화해야 한다. 이때 고부가 서비스업이 기존 제조업과 시너지 효과를 낸다면 매우 이상적이다. 그래야만 기존 제조업의 경쟁력도 더 높아지고 새로운 고용 창출도 더 많이 일어날 수 있기 때문이다.

이런 유형의 서비스업으로는 각종 IT 관련 소프트웨어, 설계 및 디자인, 연구·개발 대행, 제약·바이오 기술 판매, 의료 건강 서비스, 데이터센터 운영, 금융 투자, 교육, 관광, 영화 엔터테인먼트, 생활 편의 개인 서비스업, 건설 감리, 컨설팅 산업 등이 있다.

### >>> >>> >>> 기술 혁신 속도는 더욱 빨라질 것이다

넷째는 한국 경제의 긍정적인 측면이다. 앞으로 몇몇 분야에서 한국 경제는 놀라운 기술 혁신 성과를 보일 것이다. 아니, 반드시 기술 성과를 보여야만 한다.

향후 활발한 기술 혁신이 예상되는 산업은 최첨단 메모리 반도체와 파운드리, 소프트웨어, 자율 시스템, 항공·우주, 신소재, 재생 에너지, 방산, 제약·바이오, 헬스케어 등이다. 기술 혁신과 생산성 개선이 전 산업에서 일어나는 것은 말처럼 쉬운 일이 아니다. 정부와 학계, 산업계가 머리를 맞대고 '한국 제조업 2040 프로젝트'(가칭)를 만들어 정권이 바뀌어도 일관성 있게 계속 추진할 수 있도록 법제화하고 상시 운영되는 콘트롤 타워를 만들어야 한다.

여기에는 당연히 일관성 있고 꾸준한 산업 전환 목표와 전방위 기술 지원 정책, 인력 수급 및 교육 개혁, 재정 및 세제 정책, 통상 정책, 트럼프 2기 대응 전략 등이 포함되어야 한다. 아울러 자원 배분의 효율성을 높이고 자본이 생산적인 기업 부문으로 흘러가도록 자본 시장 관련 규제 완화와 제도 개혁, 실질적인 밸류 업 프로그램이 반드시 필요하다.

앞에서도 강조했지만 노동과 자본 투입이 계속 위축되는 경제 환경에서 생산성마저 제자리에 머문다면, 한국 경제는 정체는 고사하고 후퇴를 면할 수 없다. 한국은 이제 기술 모방만으로는 부가 가치를 높일 수 없는 단계에 와 있다. 추격하는 개발도상국들과 앞서 나간 기술 선진국들 사이에 낀 이른바 너트크래커Nut-cracker 현상이 지금 한국의 현실이기 때문이다.

혹자는 한국처럼 산업 포트폴리오가 훌륭하고 부가 가치가 높은 국가가 어디 있냐고 반문한다. 하지만 한국은 지금 1인당 GDP 2만 달러 안팎의 중진국이 아니다. 1인당 4만 달러의 국민 소득을 바라보는 상황에서 이를 더 위로 끌어올리려면 이 정도의 부가 가치로는 어림도 없다. 미국, 스위스, 네덜란드와 같은 국가들이 어떤 과정을 거쳐 현재의 기술 선진국에 이르렀고 또 이들이 지금도 얼마나 기술 혁신에 진심인지를 보면 우리의 나아갈 바를 분명히 알 수 있다.

# 중금리 시대의
# 한계는
# 무엇인가

>>> >>> >>> **고물가에 시달린다**

　　　　　중금리에 대한 정의는 사람마다 다소 다르다. 여기서는 최근의 경기 순환(한 번의 불황과 호황 사이클)을 기준으로 이 기간 평균보다 금리가 높으면 중금리, 이보다 낮으면 저금리로 정의하기로 한다.

　미국의 경우 세계 금융 위기 이후 경기가 침체에 빠진 기간은 2008년 1월부터 2009년 5월까지였고, 경기 회복 및 확장 기간은 2009년 6월부터 코로나19 본격 시작 전인 2020년 2월까지였다. 따라서 이 한 사이클의 경기 국면 동안 기록된 금리를 기준으로 삼는 것이 좋을 것 같다.

　이 구간(2008년~2020년 2월)은 미국뿐 아니라 전 세계적으로 금리 인하와 양적 완화, 통화 팽창이 진행된 유동성 풍요의 시기였고, 몇몇 국가는 마이너스 금리까지 채택한 기간이기도 했다. 이른바 이지 머니Easy Money, 즉 돈의 풍년 시대로 유례없는 저금리가 장기간 이어진 시기였기에 금리가 이보다 높으면 '중금리' 혹은 '고금리'라고 정의하는 것은 큰 무리가 없어 보인다. 중금리와 고금리의 경계는 모호하나 금리가 중립 기준 금리를 크게 웃돌아 역사적 평균치를 상회하고 경제 주체들이 경제 활동을 하는 데 있어 금리를 도저히 감당하지 못할 정도로 높을 때, 이를 고금리라고 부르는 것이 합당할 것이다.

연준은 지난 2024년 12월 연방공개시장위원회FOMC에서 미국 경제에 중립적인 기준 금리를 3.0%로 보고 있는데, 기대 인플레이션과 기간 프리미엄을 추가로 고려할 때 미국 국채 10년물 이자율이 5.0% 이상이면 경제를 제약하는 고금리라고 봐도 무방할 것이다.

돌아보면 2009년 6월부터 2020년 2월까지의 경기 사이클 (146개월) 동안 미국 10년 만기 국채 수익률은 2.5%, 한국의 10년 만기 국고채 이자율은 3.3%였기에 전 세계는 이미 2022년부터 중금리 시대를 열었고 2023년부터는 완전히 중금리가 정착됐다고 봐도 무방할 것이다. 2023년 중 미국 국채 10년물 금리 평균은 3.96%였고 2024년은 4.20%로 더 높아졌다.

문제는 앞으로는 어쩌면 중금리를 넘어 고금리 시대가 열릴 수도 있다는 우려인데 이처럼 채권 이자율이 계속 오르는 것은, 국채 발행 증가에도 그 원인이 있지만, 물가 자체가 잘 안 떨어지기 때문이다. 고점에서 많이 떨어지기는 했지만 아직도 세계 근원 물가(변동성이 큰 에너지와 식품 물가를 제외한 물가)는

## 32. 전 세계 근원 소비자 물가 추이

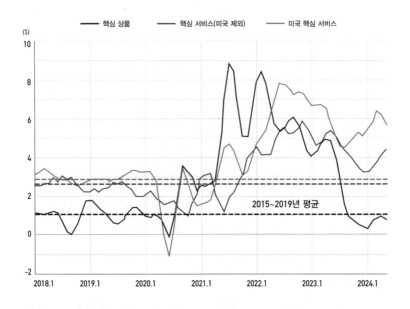

2015~2019년 평균을 크게 웃돌고 있다. 이는 코로나19 때 한번 치솟은 각국의 서비스 물가가 지구촌 인플레이션 환경 자체를 변화시켰음을 시사한다.

즉 선진국과 신흥국 모두 물가의 근원 요인(주거비, 서비스 물가, 임금 등)이 예전보다 높아져 수요가 조금만 강해도 인플레이션이 재점화될 수 있을 정도라는 것이다. 물론 경기가 심한 디플레이션에 빠지면 근원 물가도 안정될 것이다. 경기 침체기가 아니면 근원 물가가 낮아지는 것이 어렵다면, 이것은 물가 패러다임의 큰 변화다.

## 33. 미국 PCE 물가 추이와 전망

미국의 개인 소비 지출PCE: Personal Consumption Expenditure 물가를 봐도 팬데믹 이전에 비해서는 인플레이션이 확연히 높게 유지되고 있음을 알 수 있다. 실제로 미국 의회예산처CBO는 경제 성장률이 0%에서 마이너스에 들어가지 않는 한 근원 물가가 2% 부근에 머물 것이라고 전망하는데, 이는 향후 연준의 금리 인하 폭을 제한하고 장기 금리 안정에도 부담을 줄 것임을 뜻한다.

이처럼 시장 금리가 오르고 기준 금리의 중립 수준도 올라가는 데는 몇 가지 숨겨진 이유가 있다.

금리를 결정하는 여러 요인 중 가장 중요한 것은 물가이고, 물가에 영향을 미치는 요인 가운데 가장 중요한 것은 통화량(중앙은행의 국채 보유량)이다. G10(선진 10개국, 실제로는 스위스까지 포함해 11개국) 중앙은행들의 자산(시중에 통화량을 공급한 금액) 총액은 최근 고점 대비 20%가량 줄었지만, 코로나19 이전인 2020년 초에 비해서는 여전히 40% 이상 폭증해 있다. 세계 금융 위기 직후인 2009년과 비교하면 G10 중앙은행들의 자산은 15년간 무려 6배나 불어나 있다. 미국의 통화량(총통화$M_2$)을 기준으로 보면, 1990년부터 2023년까지 33년간 풀린 총통화의 75%가 2008년 이후 15년간 늘어났고, 2008년부터 2023년까지 15년간 시중에 풀린 총통화의 약 40%가 2020년 3월 이후 단 2년간 팬데믹 기간 중 풀렸다.

실물 경제에 비해 유동성이 얼마나 불어났는지를 보기 위해 GDP 대비 총통화 비율을 보면, 1960년 이후 2000년까지는 미국의 이 비율이 정체되거나 오히려 낮아졌지만 이후 지금까지는 계속 높아지고 있다. 2008년 50%에 불과했던 미국의 GDP 대비 총통화 비율은 팬데믹 기간 중 93%까지 오른 후 최근 80%로 다소 주춤한 모습이지만, 코로나19 이전에 비해서는 여전히 10%p 이상 높은 수준이다. 코로나19 기간 중 얼마나 많은 통화가 풀렸는지를 충분히 짐작할 수 있다. 이러한 통화량 증가는 미국, 유럽, 일본 등 선진국에만 국한된 현상이 아니고 이머징 국가들도 거의 비슷한 상황이다.

통화 유동성이 물가를 호시탐탐 자극하는 상황에서 경기 호황으로 임금과 임대료가 오르거나 지정학적 요인 등으로 원자재 가격이 오르거나 기후 불안으로 애그플레이션이나 물류비 상승 등이 찾아올 경우 인플레이션은 중앙은행들을 또 다시 궁지에 몰아넣을 것이다.

미국을 필두로 전 세계 중앙은행들의 방만한 통화 팽창과 각국 정부의 지나친 재정 지출(코로나 감염병 대응을 위해 어느 정도의 금융 완화와 재정 지출은 불가피했지만 그 규모가 너무 무분별했음을 지적하는 것이다), 그로 인한 국채 발행 증가, 2021년 인플레이션에 대한 늦장 대응 등 중앙은행과 정부의 연속된 물가 대응 미숙이 있었으나 이러한 사실들은 벌써 역사에 묻혔다.

이처럼 경제 내부에 여전히 물가 압력이 광범위하게 잠복하고 있는 상황에서 기준 금리를 급하게 내리면 인플레이션이 재점화될 위험이 있다. 연준이 제시하고 있는 중립 금리가 3.0%인 것을 보면 연준의 기준 금리는 2010~2019년 평균(0.6%)보다 적어도 300bp(3%p) 이상 높게 형성될 가능성이 있다.

중립 금리는 경기를 부양도 억제도 하지 않는 기준 금리 수준으로 정의되는데 그 중립 금리 수준이 앞으로 더 높아진다면 중앙은행이 금리를 내리고 싶어도 예전처럼 많이 내리는 것이 쉽지 않을 것이다.

따라서 이번 금리 인하 사이클에서 연준을 비롯한 각국 중앙은행들의 최종 기준 금리 수준은 당초 예상보다 높을 것이다. 즉 중앙은행들의 경기 부양 여력이 제한될 수 있음을 뜻한다.

다른 여러 중앙은행들이 처한 상황도 정도 차이는 있지만 미국과 별반 다르지 않다. 마치 방 안에 온도가 이미 올라 있어 난방을 조금만 강하게 틀어도 방이 금세 펄펄 끓는 것과 같은 이치다. 경기가 둔화되어 디플레이션이 완연해야 금리를 과감하게

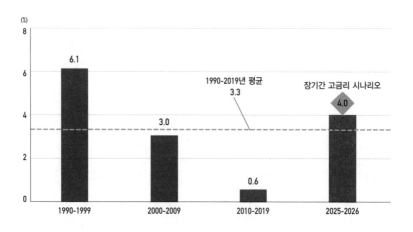

내릴 수 있을 것이며 그 후에도 예전에 비해 금리를 높게 또 오래Higher for Longer 유지할 가능성이 있다.

돌아보면 2008년 글로벌 금융 위기 이후 2020년 팬데믹 직전까지는 인플레이션 환경이 매우 이례적이었다. 이 기간에는 관세율 인하와 자유 무역의 확산, 중국의 저임금과 이를 기반으로 한 중국의 값싼 공산품 범람, 에너지 절감형 산업 구조의 급진전, 전자 상거래로 대표되는 유통 혁명 등 물가 안정에 도움이 되는 요인이 세상천지에 즐비했다.

이들 요인 중 일부(산업 구조 변화나 기술 혁신, 생산성 개선)는 앞으로도 세계 물가의 안정에 계속 기여하겠지만 2008~2019년의 전 세계적인 물가 안정 요인과 비교할 정도는 아닐 것이다. 오히려 지금은 반反자유 무역 조류와 공급망 교란, 신흥국의 임금 상승, 관세율 상승, 역逆아마존 효과(배달 수수료 상승 등) 등 인플레이션을 위협하는 요인이 도처에 깔려 있다.

더욱이 각국의 물가 상승률(전년 동기 대비)은 2022년 하반기에 정점을 찍고(미국의 소비자 물가는 2022년 6월 9.1%로 정점에 이르렀다) 2024년 말 2~3%로 안정되고 있지만 '물가 상승률'이 안정된 것이지 '물가 수준'이 안정된 것은 아니다.

물가가 중앙은행들의 목표인 2% 선에 있다고 해도 경기가 급랭해 몇 년간 마이너스 물가 상승률이 나오지 않는 한 소비자들은 계속 고물가에 시달리고 이에 적응해야 한다. 물가 상승률과 실업률을 더한 데서 실질 GDP 증가율을 뺀 값을 고통 지수라고 하는데 당분간 국민들이 체감하는 고통은 클 수밖에 없다. 물가가 낮아지려면 실업률이 오르고 경제 성장률이 떨어져야 하니 말이다.


>>> >>> >>> **장기 금리는 더 이상 하락하지 않는다**

시장 금리가 오르고 기준 금리도 예전만큼 많이 못 내리는 배경에는 국가 부채의 증가도 한몫하고 있다. 각국의 공공 부채는 코로나19로 인해 그 이전의 장기 평균에 비해 크게 증가했다. 각국 정부는 국채 이자에 허덕이고 있고 그로 인해 재정 적자가 더 커지고 시간이 흐를수록 국가 부채도 더 늘어날 위험이 있다. 이러한 정부 부문의 위험은 지금 전 세계 경제의 가장 약한 고리이자 금리에 치명적인 불확실성으로 판단된다.

## 35. OECD 국가들의 정부 부채 전망

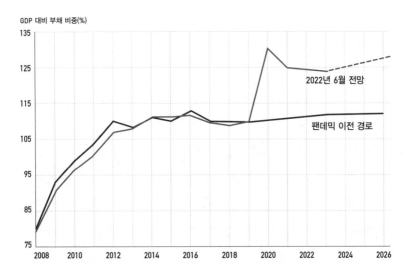

GDP 대비 부채 비중(%)

2022년 6월 전망

팬데믹 이전 경로

미국 재무부에 따르면 2024년 회계 연도(2023년 10월~2024년 9월) 동안 미국 정부가 지출한 이자 비용은 전년 동기 대비 약 29% 증가해 사상 처음으로 1조 달러를 넘었다(1조 1,330억 달러). 이는 메디케어와 국방비 지출보다 많은 금액이며 GDP 대비 이자 비용 비중은 3.93%로 1998년 이후 가장 높았고 연간 재정 적자 규모도 전년 대비 약 8% 증가했다.

이와 관련해 당연히 뒤따르는 현상은 바로 국채 발행 물량의 증가다. 늘어나는 재정 적자를 메우기 위해 국채 발행을 늘리면 국채 가격은 떨어지고 이자율은 오른다. 국채를 사려는 사람보다 공급 물량이 늘어나 국채의 희소성이 떨어지고 국내외 수요

## 36. 미국 연방 정부 재정 적자(플러스 영역)

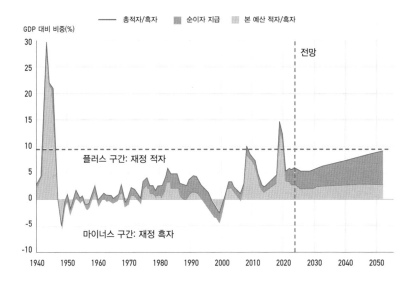

국채 발행 증가는 비슷한 인플레이션 환경에서 장기 금리를 더 오르게 만드는 요인이다. 팬데믹을 지나면서 각국의 국가 부채는 선진국, 신흥국, 저개발 국가 할 것 없이 모든 국가에서 증가했다. 2008년 금융 위기 이후 초저금리 시대를 거치면서 무분별하게 불어난 각국의 국가 부채는 전 세계 감염병으로 인해 다시 한번 크게 늘어났다. 경기를 살리기 위해 금리를 더 낮게 유지하는 시대는 지났고, 이제는 예전보다 높은 금리를 더 길게 유지해야만 하는Higher for Longer 시대가 되었음을 인정해야 한다.

## 37. 높아진 채권 변동성과 인플레이션 관계

무브 지수(좌) ——— 채권 가격과 인플레이션 서프라이즈의 상관관계(우)

특히 문제는 통화 정책과 별개로 시장에서 거래되는 장기 금리가 계속 오를 수 있다는 점이다. 미국의 경우 직전 경기 순환(후퇴기~호경기)은 2008년 1월부터 2020년 1월까지 진행되었는데, 이 기간 중 10년 만기 국채 금리 평균값은 2.53%였다. 참고로 이 기간 중 호경기(경기 확장)는 75개월(2013년 11월~2020년 1월)로 1970년 이후 세 번째로 긴 경기 확장 기간이었다. 이렇듯 장기 경기 호황에도 불구하고 동 기간에 미국 소비자 물가 평균은 고작 1.78%에 그쳤다.

장기 금리가 예전 수준으로 되돌아가기 어려운 이유는 국가

## 38. 미국 국채 금리와 기간 프리미엄 추이

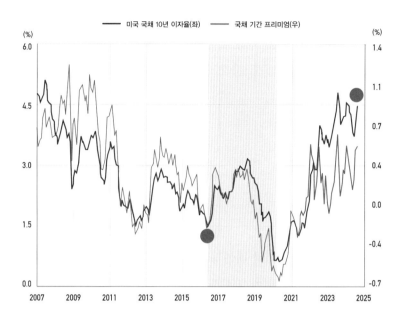

부채와 재정 적자, 국채 발행 규모가 이미 비교할 수 없을 정도로 불어나 있기 때문이다. 아울러 2020년 이후 글로벌 채권 시장의 변동성이 높아졌고 물가와 금리의 상관관계도 예전보다 높아져 장기 금리가 물가나 채권 시장 수급에 따라 큰 폭으로 오르내릴 수 있는 가능성 또한 높아졌다. 이는 금리 스파이크로 자산 가격의 급변동이나 경제 위험이 자주 발생할 수 있음을 시사한다.

그렇다면 이제 장기 금리는 어떻게 움직일까. 현재의 단기 중립 금리(3.0%)와 평균 기대 물가, 그리고 기간 프리미엄(중장기 채권 보유 시 요구되는 추가 수익률) 등을 고려할 때, 미국 국채 10년물 수익률은 최소 4.5%는 되어야 하고 경기가 좋을 때는 5.0~6.0%까지 가는 것도 당연해 보인다.

앞으로 국채 발행 증가로 인해 기간 프리미엄이 더 오르면 장기 국채 금리는 더욱 상승 압력을 받을 수밖에 없다. 참고로 2000년 이후 코로나19 시기까지는 각국의 장기 금리 하락이 대부분 기간 프리미엄의 하락에 도움을 받았는데 2020년부터는 사정이 완전 달라졌다. 특히 미국의 국채 발행은 앞으로 더 가파르게 늘어날 전망이어서 시장 금리 상승세가 우려된다.

>>> >>> >>>　　미국 대선 후유증, 금리 상승 압박

　　　　　　미국 제47대 대통령으로 도널드 트럼프가 당선됐다. 트럼프 2기 행정부는 지난 1기보다도 훨씬 '트럼프의 색깔'이 강할 것으로 예상된다. 특히 공화당이 상원과 하원을 석권함으로써 법과 제도와 세계 질서 프레임을 바꿀 수 있는 정치 환경이 한층 강화되었음을 고려할 때 트럼프 2.0 정책은 단지 앞으로 4년이라는 기간에 국한되지 않을 것이다.

즉 이 기간 중에 새롭게 바뀌는 룰은 입법 절차 등을 통해 그 이후에도 상당 기간 미국 경제는 물론 세계 경제와 안보, 무역 질서에 적지 않은 영향을 미칠 것으로 예상된다. 트럼프 2기의 영향을 경제적 관점에서 몇 가지로 정리해보면 다음과 같다.

첫째, 세계 안보 상황은 금융 시장에 긍정적으로 작용할 것으로 예상된다. 러시아·우크라이나 전쟁이 종식된다면 일단 우리

## 39. 트럼프 2기 행정부 예상 정책

| 구분 | | 정책 초점 | 일정 |
|---|---|---|---|
| 대외 정책 | 안보 정책 | • 러·우 전쟁 종식. NATO 역할 변화(유럽 자체 방위)<br>• 중동 질서 재편(이·이란): 기존 네오콘과는 차별<br>• 인도·태평양 지역 안보 강화. 북핵 부분 관리(제재 완화)<br>• 국방력 강화(해군 전력 강화, 동맹국 군비 증강 유도) | 25년 1분기<br>임기 초반<br>임기 초반<br>임기 초반 |
| | 관세 정책 | • 선별 관세(협상용·안보용)<br>• 보편 관세(의회 승인 추진)<br>• 대중 관세(추가 10%는 즉시, 나머지는 단계적) | 25년 1분기<br>임기 초반<br>임기 초반 |
| | 통상 정책 | • IRA, CHIPS&Science 축소 폐지(일부 공화당 의원 반대)<br>• 달러 체제 강화와 관세 연계(협상용) | 임기 초반<br>임기 중 |
| | 대중 제재 | • 반도체 및 반도체 장비 수출 규제<br>• 기타 첨단 산업 제재(이차전지, 바이오 등) | 임기 초반<br>임기 중 |
| | 불법 이민자 추방 | • 불법 이민자 비중(멕시코 38.6%, 인도 6.9%, 중국 3.6%) | 임기 초반 |
| 대내 정책 | 법인세 인하 | • 25%에서 15%로 인하(차등 적용) | 임기 초반 |
| | 에너지 정책 | • 파리기후협약 탈퇴<br>• 셰일 오일 가스 증산, 규제 완화<br>• 전력 인프라 개선, 원자력 지원, SOC 투자 | 25년 1분기<br>임기 초반<br>임기 중 |
| | 산업 규제 완화 | • AI 빅 테크(반독점 규제, 신생 IT 기업에는 규제 완화)<br>• 자율차, 모빌리티, 항공·우주 규제 완화<br>• 금융 산업 규제 완화<br>• 제약·바이오(FDA 규제 완화, 광고는 규제) | 임기 초반<br>임기 초반<br>임기 초반<br>임기 초반 |
| | 국가 부채 관리 | • DOGE 정부 예산 축소<br>• 암호화폐 정책 변화(5년간 100만BTC 축적, 국가 부채 감축) | 임기 초반<br>임기 중 |

나라로서는 다행이 아닐 수 없다. 북한군의 대규모 현대전 참전 경험 축적과 러시아·북한 동맹은 한반도 정세에 큰 부담이란 점에서 일단 러·우 전쟁이 멈추는 것은 한반도 안보에 도움이 된다. 미국의 다중 전쟁 개입, 지원은 중동과 동아시아 안보에도 부담이다. 러·우 전쟁의 종식이 유럽의 방위 체제와 역할을 변

화시키겠지만 우선은 우크라이나 재건 시 우리 기업들의 역할을 기대해볼 만하다.

이스라엘과 이란을 둘러싼 중동 정세도 트럼프 2기 중에 급변할 가능성이 있다. 강경 보수파로 채워진 트럼프 내각이 만약 이스라엘의 이란 공격을 지원하는 방향으로 기운다면 말 그대로 중동이 다시 '세계의 화약고'가 될 것이다. 유가 폭등세와 물가 재앙이 우려되고 세계 경제의 침체도 불 보듯 뻔하다.

하지만 이스라엘과 이란의 관계는 극단적인 상황까지 치닫지 않을 것이다. 결과를 보장하기 어려운 대외 군사 개입을 최소화하려는 트럼프의 생각과 미국 내 여론의 확전 반대 성향, 민주당과 공화당 중도파의 중심 잡기가 기대되기 때문이다. 트럼프는 2026년 말 의회 선거를 통해 중간 평가를 받아야 하고 상원 의원들 중 다수는 트럼프보다 임기가 길다.

둘째, 중국에 대한 제재를 포함해 미국 우선주의 정책은 예상보다 급진적으로 시행될 것이다. 우선 모든 자동차에 대한 수입 관세 인상과 중국 수입품에 대한 추가 관세율 인상이 예상된다. 다만 일부 관세는 품목별로 단계적으로 올릴 것이다. 특히 대중 관세는 일반 소비재가 아닌 전기차와 중간재, 전략 품목에 집중될 것이다.

트럼프 정부의 관세는 3단계로 나누어 진행될 가능성이 큰데, 1단계는 취임 직후 작은 범위의 관세 인상일 것이고, 2단계는 취임 100일이 지난 2025년 2분기에 중간 규모의 관세 인상이 될 것이다. 제도 정비와 새 정책 책임자들의 준비가 필요하기 때문이다. 마지막 3단계는 2026년 중간 평가와 2028년 대선을 겨냥한 '전략적인 관세 인상'이 될 것이다. 여기서 전략적이라 함은 자국에 유리한 관세 정책을 선택적이고 차별적으로 시행한다는 뜻이고 3단계에서는 다양한 협상용으로 관세 정책을 사용할 가능성이 높다.

실제로 미국의 수입 물가 상승 부담과 상대국의 경기 악화로 인한 미국 기업들의 수출 부담은 백악관으로 하여금 관세 정책의 속도 조절을 요하게 만들 것이다. 전 세계를 대상으로 한 보편 관세 또한 실제로는 차별적으로 적용하고 국가별로 협상 도구로 사용될 전망이다.

미국 무역위원회는 보편 관세율 10% 부과는 연간 세계 교역을 2.5% 감소시킬 것으로 전망한 바 있는데 미국 제품의 해외 판매 또한 심각한 영향을 받을 수 있을 것이다. 또 미국 경제가 현재 관세 인상분을 충분히 흡수할 정도로 생산 능력이 남아도는 상황이 아니어서 물가 압력이 갈수록 높아질 것이고 이는 집권 말기 트럼프의 치명적인 실정으로 남을 가능성이 높다.

한편 인플레이션 감축법과 반도체·과학법에서 보장된 각종 세액 공제, 보조금 지급의 폐지 내지 축소가 예상되는데 실제 시행 과정에서는 여러 저항이 예상된다. 공화당의 하원 의석 수가 과반이 안 될 수 있고(내각으로 이동) 과반을 넘더라도 근소한 차이가 유지될 것이며 다수의 공화당 의원들의 반대가 있을 것이기 때문이다. 관련 국들의 절박한 협상과 주고받기식 거래도 예상된다.

## 40. 미국 행정부 관세 부과 관련 근거법

| 구분 | 발동 요건 | 대통령의 권한 | 사전 조사 | 기한 | 상한 | 주요 관세 조치 |
|------|-----------|---------------|-----------|------|------|----------------|
| 1974년 무역법 제301조 이하 | 교역국의 불공정 관행 | ① 무역 협정상 양허 혜택 정지·철회·제한 ② 관세 및 수입 제한 등 | 0 (USTR) | X | X | 18~19년 대중국 관세 24년 대중국 관세 |
| 슈퍼 301조 | 교역국의 불공정 관행 | ① 무역 협정상 양허 혜택 정지·철회·제한 ② 관세 및 수입 제한 등 | X | X | X | 직접적인 관세 조치는 없었으나 대상국과 협상을 통해 합의 도출 |
| 1930년 관세법 제338조 | 미국 상거래에 대한 차별 행위 | 관세 부과 및 수입 금지 | X | X | 0 (50%) | |
| 1962년 무역확장법 제232조 | 특정 수입의 국가 안보 위협 | 수입 물량 조절 조치 | 0 (상무부) | X | X | 18년 철강·알루미늄 관세 |
| 1974년 무역법 제122조 | 국제 무역 수지 적자, 달러 가치 하락 | ① 관세, ② 수입 쿼터, ③ 두 조치 병행 | X | 0 (150일) | 0 (15%) | |
| 1974년 무역법 제402조 이하 | 비시장 경제국 자국민 이민의 자유 억압 | 비시장 경제국의 정상 무역 관계 지위 유예·철회 | X | X | X | 22년 러시아에 정상 무역 관계 철회 및 제2열의 관세율 적용 |
| 적성국 무역법 | 전쟁 시 | 외환 거래, 금 또는 은 주화, 통화의 수출 등을 조사, 규제 및 금지 등 | X | X | X | 71년 수입품 10% 보편 관세 |
| 비상경제 수권법 | 대통령의 비상 사태 선언 시 | 광범위한 경제 거래 규제 | X | X | X | |

한편 미국의 대중 제재는 중국의 혁신 기술에 대한 추격 저지에 완전히 그 초점이 맞춰질 것으로 보이는데 특히 AI, 반도체, 자율 시스템, 항공·우주 섹터를 중점 타격할 것이다. 이들 분야

## 41. 트럼프 2기 정부의 예상 관세 정책

| 정책 | 내용 |
|---|---|
| 10% 보편 관세 | • 전 수입품에 10%의 보편적 기본 관세를 부과<br>• 과거 닉슨 대통령이 1971년 8~12월까지 부과한 전례<br> (현재 부과되고 있는 관세율에 10%p를 더하는 방식) |
| 60% 대중국 관세 | • 중국산 수입품에 대해 일률적으로 60%의 관세를 부과<br>• 불공정 무역 관행이 있다고 판단되는 국가의 특정 제품에 제재 관세를 부과할 수 있는 무역법 301조, 안보를 이유로 수입을 제한할 수 있는 무역확장법 232조를 사용 가능<br>• 중국에 대해 최혜국 대우를 골자로 한 항구적 정상 무역 관계 지위 박탈을 공표 |
| 상호 관세 | • 미국 제품에 관세를 부과하는 국가의 수입품에 대해 같은 비율의 보복 관세를 부과<br>• 재선 성공 시 트럼프 호혜 무역법Trump Reciprocal Trade Act 통과를 공언 |

는 중국의 추격이 거센 데다 국방 산업에서의 중요성이 높기 때문이다. 중국에 대한 첨단 반도체 장비 수출 규제와 반도체 수출 제재도 초점은 결국 AI에 있다. 한국이 얼마나 예외 조항을 얻어내고 설득하고(막대한 고용 기여) 협상하느냐가 관건이다.

미 행정부의 관세 부과 근거법은 정말 다양하다. 특히 대부분의 법규에서 사전 조사 의무나 부과 기한, 관세 상한선이 아예 없는 경우가 더 많아 파괴력이 크다. 대통령의 권한을 보장한 법도 많아 연방정부가 의회를 피해 신속하고 재량적으로 시행할 여지가 많은 것도 특징이다.

셋째, 법인세 인하(25%에서 15%)와 파리기후협약 탈퇴 및 석유 가스 추출 규제 완화 또는 철폐, 차량 배기가스 및 발전소 규제 완화 등 기업과 환경 규제에 관한 정책들은 공약한 바대로 신속하게 시행될 전망이다. 법인세 인하는 증시에는 호재(일부는 선방

영)이나 총수요를 자극해 인플레이션을 부추기고 결국 재정 수지 악화로 이어져 금리를 끌어올릴 것이다. 관세로 벌어들일 재정 수입과 일런 머스크와 라마스와미가 공동으로 맡을 정부효율성부처DOGE에서 절감할 예산보다 법인세 인하로 인해 줄어드는 세수가 더 많을 것이기 때문이다.

넷째, 셰일 오일 증산은 미국 내 에너지 물가를 낮추는 데 기여하겠지만 실제 오일이 본격 증산되어 미국 내 주유소의 가솔린 가격을 낮추는 데까지는 시간이 걸릴 것이다. 따라서 그 효과는 집권 중반부부터 나타날 전망이다.

다섯째, 트럼프 정부는 상황에 따라 환율 조정 정책을 테이블에 올릴 가능성도 있는데 그 시기는, 관세 정책으로 달러가 많이 오를 경우, 임기 후반이 될 것이다. 과거 공화당 강성 대통령들은 미국의 무역 수지 개선을 위해 환율 공조를 내세워 달러 가치를 인위적으로 떨어뜨리곤 했다. 대표적으로 1971년 리처드 닉슨 때의 달러의 금태환 정지와 1973년 달러 가치 절하 협의, 1985년 로널드 레이건 때의 플라자 합의,[4] 2003년 조지 워커 부시 때의 두바이 G7 합의가 있다.

내수 소비가 GDP의 70%를 차지하는 미국의 경우, 달러 강세 때에는 수입 물가 안정과 내수 부양을 도모하고, 달러 약세 때에는 원자재 자급자족의 편익과 수출 증대, 무역 수지 개선을 도모하는 등 상황을 유리하게 끌고 갈 다양한 옵션을 갖고 있다.

그렇다고 해서 트럼프 정부가 달러 약세 정책을 지향하는 것은 아니다. 미국 정부는 항상 달러 패권(달러 강세) 정책을 기본

사상으로 하고 있으며 다만 필요에 따라 일시적인 달러 가치 조정을 원할 뿐이다.

트럼프 2기 정책은 한마디로 미국 우선주의와 중국 때리기에 정조준되어 있고 미국 경제의 부흥을 위해 다른 나라들의 희생을 강요하는 정책 성격이 강하다. 사실 급진적 버전과 점진적 버전의 차이일 뿐 MAGA는 그동안 백악관과 미국 의회를 관통해 온 사상이었다. 다만 트럼프 정부의 급진적 MAGA 정책은 어느 정부의 통상 정책보다 세계 경제를 빠르게 위축시킬 위험이 있고 포괄 정책이 아니라 선별 정책이란 점에서 국가별 대응 역량이 중요하다는 특징이 있다.

>>> >>> >>>　　**트럼프 2기 정책의 결말**

그렇다면 트럼프 2.0 정책들의 성과는 어떨까? 이는 물론 이 정책들의 완급 조절과 속도 및 범위에 달려 있을 것이다. 즉 인플레이션 친화적인 트럼프 정책들이 급하게 또 광범위하게 추진될 경우, 자칫 금리 상승이라는 복병을 만나 경기가 조기에 위축됨으로써 정책들이 저항에 부딪힐 것이다. 이러한 사실을 트럼프의 유능한 참모들은 잘 알고 있을 것이다. 더군다나 트럼프 2기 행정부는 2021년부터 2024년까지 밀도 있게 풀린 유동성과 2010~2020년 평균의 2배에 가까운 재정 지출의 바통(후유증)을 이어받아 출범하는 정부다.

하지만 역사는 늘 반복된다. 스트롱맨은 충성파를 좋아하고 눈과 귀를 닫으며 경제 원리를 무시한다. 따라서 트럼프의 강력한 리더십 아래 추진되는 여러 정책들이 집권 초기에는 장밋빛 전망 아래 순항하겠지만 우려했던 물가 재점화와 금리 상승, 주가 하락이라는 복병에 부딪혀 실제 경기도 둔화되고 정책 또한 수정되는 시나리오가 유력해 보인다. 단, 경제 원리의 작동에 따른 이러한 짧은 경기 조정을 거치면 워낙 강한 기초 체력을 지닌 미국 경제는 곧바로 다시 회복될 것이다.

다만 지금 전 세계는 8년 전과는 전혀 다른 인플레이션 환경에 처해 있어 트럼프 2기 집권 후반기 또는 다음 정부(2029년 이후) 기간 중 트럼피즘Trumpism의 후유증이 의외로 클 수 있다. 특히 경제를 둘러싼 장작(인플레이션 인자) 더미가 바싹 말라 있는 것과 같아 여기에 조그마한 인플레이션의 불꽃이라도 튄다면 그간의 물가 안정 노력이 모두 수포로 돌아갈 수도 있을 것이다.

더욱이 장기 금리가 내려가지 않는다면, 트럼프 2.0 정책은 혼돈에 빠질 것이다. 만기가 긴 장기 금리가 단기 금리보다도 낮게 형성되는 장단기 금리의 역전 현상은 항상 있는 일이 아니다. 이는 지난 2020년부터 2023년까지 연준이 물가를 잡기 위해 허겁지겁 기준 금리를 올리고 연준이 경기 부양을 위해 국채를 매입(양적 완화)하면서 생긴 기형적 현상이다.

금리 상승은 민간 소비를 제약하고 기업과 가계의 연체율이나 부도율을 높이는 원인이 되고 밸류에이션(주가 수익 비율, 즉 PER)이 높은 주식 시장을 타격해 간접적으로 경기를 약화시키는 촉매로 작용할 것이다. 금리가 오르면 주택 담보 대출 금리와 각종

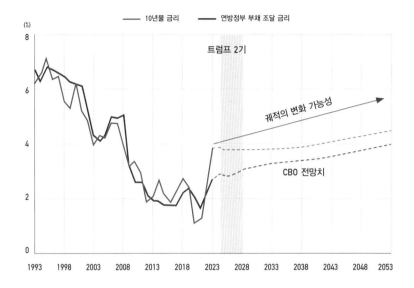

신용 대출 금리가 모두 영향을 받기 때문에 중앙은행이 기준 금리를 내려도 그 효과가 반감될 수밖에 없다. 또한 미국의 경우 장기 금리 상승은 현재 자본금 규모보다 더 많은 상업 은행들의 미실현 채권 손실을 더 키움으로써 금융 시장의 안정성을 해치고 은행 위기를 촉발할 위험도 있다.

이처럼 트럼프 2기 정책의 성패는 시장 금리에 달려 있다고 해도 과언이 아니다. 장기 금리의 흐름에 따라 트럼프 2기의 경제 및 증시 성적표가 크게 달라지고 요동칠 수 있다.

# 2

# 건초 더미를
# 사라

## : 투자 유망 산업

>>>

제1장에서는 세계 경제의 장단기 사이클과 앞으로 예상되는
경기의 특징들에 대해 살펴보았다. 이를 토대로 제2장에서는
산업별 투자 아이디어를 찾아보려고 한다. 앞에서도 상세히
다뤘지만, 세계 경제를 관통하는 중심축이 4차 산업혁명임을
부인할 사람은 아마 없을 것이다.

다만 경제 흐름과 실전 투자는 다르다. 모든 성장 기대 산업
이 다 성장하는 것은 아니고 또 성장 산업에 속한 모든 기업
이 공평하게 돈을 버는 것은 더욱 아니다. 어느 시대나 성장
산업은 진입자가 많아 경쟁이 치열하기 마련이고 따라서 일
부 성장 산업은 의외로 마진은 박하고 실속도 없는 레드오션
으로 쉽게 전락하기도 한다. 또 아무리 성장 산업 내 경쟁력
이 우수한 기업이라 해도 성장을 미리 반영해 주가가 가파르
게 올라서 이미 과열된 상태라면 지금 당장 시급히 투자해야
할 대상도 아니다.

결국 우리의 목표는 성장 산업에 대한 큰 그림을 먼저 그려
본 뒤 이들 성장 산업 안에서 경쟁력이 있으면서 성장성과
수익성이 주가에 덜 반영된 기업을 고르는 일이다. 이 책에서
는 세계 경제의 구조적인 변화라는 관점에서 향후 유망 산업
을 조망하고 이들 산업에 대한 투자 아이디어를 찾는 데 초
점을 두고자 한다.

# 혁신 기술
## 산업에
# 주목하라

**>>> >>> >>>  혁신 기술 산업, 무조건 투자하는 게 좋을까?**

최근 각국은 첨단 전략 산업(새로운 기술을 적용한 성장 산업으로 미래에 그 중요도가 매우 높을 것으로 예상되어 국가가 앞장서서 육성하고 관리하는 산업)의 주도권을 차지하기 위해 여러 산업 정책을 펼치고 있다. 기초 기술력을 키우는 산업 정책부터 국가 주도의 연구·개발, 각종 세제 지원 정책, 통상 정책 등에 총력을 기울이고 있다.

현대경제연구원(2023년 6월 VIP리포트)은 반도체를 비롯한 주요 첨단 산업의 최근 변화 특징으로 각국의 활발한 주도권 확보 경쟁과 다양한 관련 서비스 분야에서의 디지털 기술 활용 일상화 Digital Everywhere를 꼽고 있다. 또 전략 산업을 중심으로 무역 장벽이 구축되고 있고 그에 따른 공급망 위험이나 경제 활동의 제약을 극복하는 정책들이 중요해지고 있다고 강조한다. 한마디로 이 분야에서 각국은 지금 노골적인 몸싸움을 벌이고 있는데 그 중심에는 미국과 중국이 있다.

역사를 돌아보면 세계 경제는 그간 예외 없이 굵직한 기술 변화에 지배를 받으며 성장해왔고 그때마다 기술 헤게모니를 둘러싼 각국의 치열한 다툼과 혁신 기술 기반의 놀라운 산업 발전이 있었다. 19세기 초반 획기적인 기계 문명인 증기기관의 발명은 세상을 뒤집어놓았다. 19세기 후반에는 철도의 보급과 철강 산업의 발전으로 거대한 산업화 물결이 일어났으며 이로 인해 대량 생산 체제가 다져졌고 동시에 도시화가 빠르게 진행됐다. 그리고 20세기 초반에는 전기 에너지 보급과 중화학 공업이 세계 경제의 많은 부분을 바꿔놓았다.

기술 혁신에 따른 급격한 경제 변혁 스토리는 이후 더 가열차게 진행되었음을 우리는 역사를 통해 익히 잘 알고 있다. 석유화학과 자동차 산업의 발전으로 선진국들의 생산량이 크게 늘어났고 여기에 항공기와 선박 등 이동 수단의 발달로 지구촌이 한층 서로 가까워졌으며 다양한 소비재가 일상 깊숙이 파고들며 광범위한 영역에서 소비의 대변혁이 일어났다.

선진국의 인구 증가에 기술 혁신과 대량 생산이 가세하니 일자리와 개인 소득이 늘어났고 이렇게 증가한 소득은 전 세계를 대량 소비 시대로 이끌었다. 1980년대부터 2010년 무렵까지는 ICT 획기적으로 도약하는 동시에 자유 무역의 꽃이 한껏 만개했다.

3차 산업과 4차 산업의 중첩기에 일어난 이 강력한 기술 혁신은 몇몇 공업 선진국들에 의해 주도됐는데 이들을 뒤따라 신흥국들이 선진 기술을 적극 모방하면서 세계 경제의 성장 영역이 크게 확대됐다.

1990년대부터 일어난 중국을 중심으로 한 아시아 개발도상국들의 산업화는 세계 교역의 증가와 물가 안정에 크게 기여했으며 성장 잠재력이 높은 신흥국에 대한 전 세계 투자 붐을 불러왔다. 물론 1970년 이후부터 최근까지 자유 무역 구도 아래 세계가 마냥 평온했던 것만은 아니다. 국가 간 갈등과 분쟁(1970년대에 발생한 두 차례의 석유 파동과 중동전쟁), 내전, 지정학적 위험 등이 끊이질 않았고 자산 시장의 버블 붕괴와 미국발 금융 위기가 지구촌 경제를 뒤흔들어놓기도 했다.

학자마다 주장은 조금씩 다르지만 대체로 장기 기술 파동은 200~300년의 주기를 보였고 기술 혁신 파동은 국가 패권의 변화와 일치해왔다. 15세기의 중국 패권에서 17~18세기에는 유럽이 패권을 이어받았고 영국을 거쳐 20세기 이후 미국의 패권 시대에 돌입했다.

미국 패권 시대에 근래 벌어진 가장 중요한 사건은 바로 2008년 리먼 브러더스 파산으로[5] 시작된 세계 금융 위기와 이 위기가 몰고 온 한 단계 진화된 IT 기술 혁신이었다. 금융 위기 수습을 위해 각국의 중앙은행들은 앞다퉈 돈을 찍어냈고, 이 돈들은 닷컴 버블이 남겨놓은 다양한 모험 혁신 벤처기업으로 흘러 들어갔다.

즉 1970년경부터 시작된 3차 산업 혁신이 성숙기에 들어갈 무

## 43. 장기 경기 순환과 산업혁명

| 파동 | 기간 | 핵심 산업 |
|---|---|---|
| 1파동 | 1770년대 말~1830년대 | 증기기관 방적기 |
| 2파동 | 1840년대 말~1890년대 | 철강·철도 산업 |
| 3파동 | 1890년대 초~1930년대 | 자동차, 전기, 화학 공업 |
| 4파동 | 1940년대~1980년대 | 전자, 석유 화학, 항공 산업 |
| 5파동 | 1990년대 후반~진행 중 | 정보·통신, AI 생명공학, 우주·항공 |

럼 반도체, 디스플레이, 컴퓨터 하드웨어 및 소프트웨어, 자동차, 항공·우주, 제약·바이오 분야에서 새로운 혁신이 일어나 들불처럼 번졌는데, 돌이켜보니 2010년 전후부터 지금까지가 4차 산업이 본격 세상을 바꾸기 시작한 시기가 아니었나 싶다.

2007년에는 세계 최초의 스마트폰이 처음 공개되었다. 원래 스마트폰은 1993년에 IBM이 개발하여 출시했고, 1996년에는 노키아가 전화 기능을 갖춘 PDA '9000 커뮤니케이터'를 처음 출시함으로써 일반 휴대전화에 전자우편 및 팩스 송수신 등 여러 업무용 기능이 들어간 포터블 단말기를 선보인 바 있었다.

우리의 삶을 송두리째 바꾼 것은 애플의 스티브 잡스가 만든 아이폰이었다. 2007년 1월 9일 샌프란시스코에서 열린 '맥 월드' 콘퍼런스에서 애플사는 아이폰을 처음 공개했는데 이 단말기는 직관적인 유저 인터페이스, 음악 재생, 블루투스, 웹 서핑, 일체형 배터리 등을 채택한 혁신의 아이콘 자체였다. 이후 스마트폰

## 44. 장기 기술 혁명 흐름

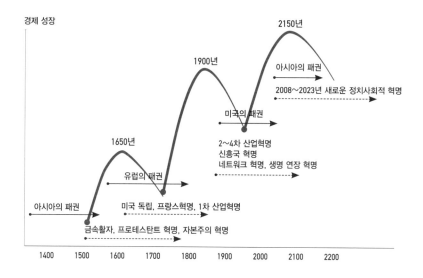

의 성능 개선과 대중화가 급속도로 진전되었고, 이를 지원하기 위한 반도체 칩, 소프트웨어와 데이터센터, 클라우드 서비스는 물론 유통, 금융, 전자 상거래, 게임 엔터테인먼트 등 스마트폰과 관련된 파생 산업들이 눈부시게 발전했다.

>>> >>> >>>　AI 시대의 개막

　　　　사람들은 2012년을 AI 혁신의 원년이라고 부른다. 이 분야를 개척한 제프리 힌턴 토론토대학교 명예교수가 알렉스넷AlexNet이라는 프로그램으로 화상 인식 대회에서 획기적인 알고리즘 품질로 우승한 해이기 때문이다. 제프리 힌턴 교수가 2012년에 설립한 DNN리서치(토론토대학교에서 창업한 AI 스타트업)는 2013년에 구글에 인수되었고 이후 구글, 마이크로소프트, 바이두 등이 중심이 되어 지금의 AI 경쟁 구도가 형성됐다.

'연결주의'로 설명되는 2016년까지의 AI 1차 혁명기를 지나 지금은 AI 2차 혁명기로 정의한다. AI 2차 혁명기의 핵심은 트랜스포머 어텐션 기술이고, 생성형 AI가 빠르게 보급 확산되고 있다.

전문가들은 최근 12년 동안 이루어진 변화가 과거 19세기 후반에서 20세기 후반까지 1세기 동안의 변화(상대성 이론, 양자역학, 우주 과학, DNA 이중나선, 개인용 컴퓨터)와 맞먹을 정도라고 보고 있다. 그런데 이게 끝이 아니다. 곧 다가올 AI 3차 혁명기의 '최적화 AI'는 대화, 동영상, 스토리, 프로그램 등 그럴듯한 콘텐츠 출력을 만들어내는 생성형 AI와는 달리 '더 정확하고 엄격한 답을 맞히는 것'을 목표로 한다. 최적화 AI는 제약, 공정, 물류, 반도체, 디자인, 게임, 프로그래밍, 전략 최적화, 마케팅, 금융 투자(주식, 선물 포트폴리오 등)와 같은 우리 경제의 모든 분야에서 활용될 것으로 기대된다.

요컨대 최적화 AI 트랙은 이미 시작된 생성형 AI와 더불어 향후 엄청난 위력을 보일 것이며 어떤 분야에서 어떤 혁신을 어디까지 끌어낼지 모를 정도의 폭발력을 지닌다고 전문가들은 입을 모으고 있다.[6]

모든 혁신 산업은 기업 간 치열한 경쟁과 국가 차원의 지원책이 더해지면서 예상보다 빠르게 변화될 것이다. 민간 수요는 물론이고 군사적으로도 날로 중요도가 높아지고 있는 AI 등 첨단 기술 산업을 둘러싼 미·중 경쟁은 향후 더 격화될 수밖에 없고, 역으로 이러한 경쟁 때문에 기술 발전이 획기적으로 앞당겨질 것으로 보인다.

### >>> >>> >>>  혁신 경제 사이클의 특이점

이번 경기의 큰 주제는 몇 십 년 만에 한 번 오는 거대한 기술 혁신임을 반드시 기억할 필요가 있다. 앞으로 겪을 경기 소순환 역시 2010년 무렵에 시동을 걸어 2050~2060년경까지 이어질 장기 순환의 영향 아래 놓여 있을 것이다.

4차 산업 중심의 장기 경기 순환은 여러 첨단 산업 분야에서의 기업 설비 투자와 신제품 소비를 이끌 것이다. 예전에는 아예 존재하지도 않았거나 새롭게 진화된 재화나 서비스가 주목을 받고, 또 그런 재화나 서비스에 대한 소비가 실제로 늘어날 것이다. AI, 반도체, 컴퓨팅, 로봇, 자율 시스템, 생명공학 등이 주도하는 경기는 예전의 전통 제조업 중심의 순환 사이클과는 여러 면에서 차이가 있을 것이다. 전통 제조업 중심의 경기는 경기 순환이 비교적 규칙적인 편이고 경기를 어느 정도 가늠하고 예측하기도 편했다.

첨단 재화나 새로운 서비스를 선점하기 위한 기업들의 투자 활동을 중심으로 돌아가는 4차 산업혁명 시대에는 독과점 기업들의 사업 동향과 투자 쏠림에 따라 전체 경기 사이클이 불규칙해질 것이다. 또 국가별로도 혁신 기술을 앞세운 글로벌 스타 기업의 보유 유무에 따라 국가 전체의 성장 격차가 커질 전망이다. 이러한 불균형과 편향성은 세계 경기를 더욱 울퉁불퉁하게 만드는 요인이 된다.

또 예전에는 아예 존재하지도 않았던 새로운 수요가 등장하는 바람에 생산이 수요를 이끌고 결과적으로 수요의 변동성이 커져 경기 예측 오류 또한 커지기 쉽다. 한편 물량 위주의 전통적 경기 사이클에서는 명목 성장률이 높은 신흥국 경제가 주도권을 더 많이 가져갔다면, 혁신 성장 경기 사이클에서는 부가 가치가 높고 혁신 기업이 많은 선진국이 세계 경제에 더 큰 주도권을 쥐게 될 것이다. 이미 팬데믹 이후 세계 경제는 그렇게 흘러오고 있다.

혁신 경제의 이러한 독과점적 특성 때문에 투자자 입장에서는 혁신 기업들의 경영 활동을 통해 전체 경기 순환에 대한 힌트를 발견하고 대응할 필요도 있을 것이다. 즉 혁신 기업들의 이익 창출력과 이익 모멘텀의 변화, 투자 동향, 새로운 기술 보급과 소비자들의 반응 등을 중시할 필요가 있다. 그렇다고 이 기술적 변화들을 모두 파악해야 한다는 부담을 가질 필요는 없다. 주가가 이 모든 것을 반영하고 있기 때문이다.

혁신 기술 기업들의 사업 동향을 면밀히 파악해 주가를 전망하는 것은 어려울 수 있어도 주가를 통해 AI, 데이터센터, 클라우드 서비스, 스마트폰, 개인용 컴퓨터, 광고, 전기차 업황이 살

**45. 전통 경기 사이클과 혁신 성장 경기 사이클 차이**

| 구분 | 전통 경기 사이클 | 혁신 경제 사이클 |
|---|---|---|
| 경기의 중심축 | 보편적 재화 | 혁신적 재화, 서비스 |
| 경기의 상대적 중요도 | 생산(공급 과잉 여부) | 기업 투자(혁신 여부) |
| 경기 판단 지표 | 산업별 재고 출하 비율 | 기업별 혁신 성장 여부 |
| 경기 특징 | 비교적 예측 용이 | 불규칙하고 예측 어려움 |
| 경제 성장에 대한 기업 비중 | 보통 | 매우 높음 |
| 경기 순환의 물가 영향력 | 높은 편 | 낮은 편 |
| 세계 경기 주도권 | 개도국 | 선진국 |
| 국가 개입 정도 | 낮음 | 높음 |

아 있는지, 아니면 어려워지고 있는지를 판단하기는 쉽다. 특히 기업 이익이나 혁신 기술의 변화와 관련된 호재에 주가가 긍정적으로 반응하는지, 혹은 작은 악재에도 주가가 화들짝 놀라 약세 반응을 보이는지를 관찰하면 된다. 이런 주가 리트머스 시험지를 통해 관련 산업 경기의 모멘텀을 엿볼 수 있을 것이다.

>>> >>> >>> **건초 더미에서 바늘 찾지 말라**

AI가 어떻게 발전할지는 확실하지 않지만 우리는 여러 곳에서 이제 힌트를 쉽게 얻을 수 있다. 지난 2024년 국제 전자 제품 박람회CES의 화두는 생성형 AI였다. 이번 CES는 AI가 소비자의 전자 기기 안으로 들어와 개인 비서로 진화하고 있으며, 앞으로 AI 구동 기업들AI enablers뿐만 아니라 AI 적용 기업들AI adaptors도 많은 변화를 보일 것임을 보여주었다.

젠슨 황 엔비디아 최고경영자는 2024년 11월 "AI 혁신은 디지털에서 피지컬(물리적 영역)로 확산할 것"이라면서 로봇과 AI를 조합한 산업의 성장 가능성이 크다고 평가한 바 있다. 챗GPT 이후 AI 산업이 급성장한 것처럼 로봇도 비슷한 단계에 와 있음을 시사한 것이다. TSMC 웨이저자 회장도 "앞으로 힘써야 할 분야는 자동차가 아닌 다기능 로봇"이라고 말했다.

엔비디아 외에 테슬라, 아마존 등 많은 기업들이 최근 AI 로봇에 필요한 반도체부터 소프트웨어까지 종합 솔루션을 선제적으로 구축하려는 움직임을 보이고 있으며 하드웨어 업체와도 협력을 서두르고 있다.

AI 속성상 이와 관련된 산업의 범위는 무한에 가깝다. 생산 공정과 경영 활동은 물론이고 가전, 자동차, 소매, 유통, 교육, 의료 등 AI의 응용 범위는 모든 산업으로 확산될 것이다. 이러한 AI 보급의 확산은 반도체 기술 혁신과 이를 지원하는 소재, 장비와 각종 소프트웨어 산업의 발전을 이끌 것이다.

LG경영연구원은 생성형 AI를 활용하기에 지금 가장 적절한 디바이스는 스마트폰인데, 스마트폰이 지닌 기본적 약점이 있기에 이를 보완하려는 기업들의 움직임이 앞으로 활발해질 것이라고 내다봤다.

스마트폰의 귀와 눈, 물리적인 손과 발이 되어주는 디바이스가 앞다퉈 나올 것이고 새로운 퍼스널 디바이스 경쟁이 예상되기도 한다. 인간의 눈과 귀를 대신할 저전력 올웨이즈 온always-on(인터넷에 상시 접속) 고감도 센싱 기술, 인체의 팔과 유사한 동작을 제공하는 기계 장치manipulator, 설계, 제어 기술을 지닌 하드웨어 기반의 전문 솔루션 업체가 부상할 것이다. 또 생성형 AI를 품은 다양한 형태(펜던트, 브로치 형태)의 액세서리 디바이스는 다양한 연관 효과를 불러올 것이다.

기업들은 일단 초기 경쟁 국면에서 밀려나면 안 된다는 강박으로 당장의 수익성을 따지기보다는 미래를 보고 투자를 할 것이다. 마치 17세기 대항해 시대에 서구 열강이 새로운 식민지 개척으로 앞다퉈 지경을 넓혔듯이 지금은 4차 산업의 패권 확보를 두고 물러설 수 없는 경쟁이 시작된 것이다.

예나 지금이나 기업들의 경쟁 과열은 관련 기술(17세기에는 항해 기술 등)을 폭발적으로 성장시켰다. 역시 필요는 발명의 어머니이고 경쟁은 혁신 가속기임이 분명하다. 대항해 시대에 떼돈을 번 자는 조선업과 항해와 관련된 기자재 업체들, 향신료 및 자원을 수입하고 유통하는 업자들이었고 19세기 미국 금광 개발 열풍 속에 정작 돈을 번 자는 삽과 곡괭이, 청바지를 만드는 기업과 금세공 업자들이었다.

AI 시대도 마찬가지다. 지금 엔비디아 같은 기업은 금광(AI)을 캐는 데 필요한 연장을 만드는 기업이다. 궁극적으로 누가 수익을 더 많이 가져갈지, 누가 최종 승자가 될지는 미지수다. 분명한 것은 엔비디아 같은 AI 구동 기업과 이를 활용해서 AI 제품이나 서비스를 만들어내는 빅 테크 기업들은 초기에 독과점 지

## 46. AI가 짠 코너킥 전술

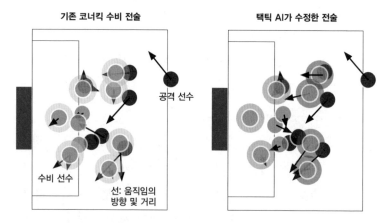

**기존 코너킥 수비 전술**         **택틱 AI가 수정한 전술**

공격 선수

수비 선수

선: 움직임의 방향 및 거리

회색 원은 택틱 AI가 조정해 제안한 효과적 수비 움직임이다. 색이 진할수록(우) 더 많은 전문가들에 의해 효과적이라고 인정받았다.

위를 토대로 엄청난 이익을 거둘 것이다. 하지만 시간이 지날수록 이들의 마진은 약해질 것이고 경계도 모호해질 것이다.

역사적으로 기술의 퀀텀 점프는 기업들의 새로운 시장 진입과 출혈 경쟁, 과도한 투자를 유발한다. 물론 AI는 기술적 진입 장벽 때문에 다른 기술 산업보다는 초기 경쟁이 덜할 수도 있다. 하지만 관련된 파생 산업이 확산되고 시장 전체의 파이가 커질수록 결국 경쟁자는 늘어나기 마련이다.

여느 성장 산업과 마찬가지로 AI 혁신 초기에는 기술을 지닌 기업들이 모두 다 뛰어들고 주가도 동반 상승하겠지만 시간이 지나면 주가 과열과 기대한 것에 비해 이익에 대한 실망을 안고 전반전 경기는 끝날 것이다. 하프타임에는 주가도 조정을 보이고 산업 내 서열도 재편되고 분명히 새로운 기술도 보완될 것이다. 이후 전반전과는 다른 포메이션으로 후반전(2차 랠리)이 시작될 것이다. 이 후반전이 진짜 랠리가 될 확률이 높다.

AI를 비롯한 혁신 성장 산업에 대해 필자를 포함한 대부분의 투자자는 관련 전문 지식이 부족하다. 우리가 혁신 기술에 대해 알고 있는 지식은 극히 일부에 불과하다. 설혹 기술 지식이 있다 해도 해당 기술을 가진 기업의 주식 가치에 대한 판단은 또 별개의 문제다.

급변하는 산업의 생태계를 일일이 다 쫓아가 최고의 혁신 성장 기업을 콕 찍어 투자하기란 현실적으로 쉽지 않다는 것이다. 이럴 때 생각나는 투자 격언이 있다. "건초 더미에서 바늘을 찾지 말고 건초 더미를 사세요." 인덱스 펀드 회사 뱅가드의 창립자인 존 보글의 말이다.

ETF Exchange Trade Fund (상장 지수 펀드)는 특정 종목을 골라 집중 투자하는 것보다는 기대 수익이 낮지만 위험을 분산할 수 있다는 장점이 있다. 혁신 성장 산업은 변화무쌍하고 누가 승자가 될지 모르는 경우가 많다.

구글이 인터넷 혁신 시대의 최종 승자가 되고, 도서나 잡화를 파는 인터넷 상거래 기업이었던 아마존이 세계적인 IT 혁신 기업이 되리라고 일찌감치 점찍은 사람은 그리 많지 않았을 것이다. 또 2002년에 스티브 잡스가 반독점 위반으로 뉴욕 법원에서 시시비비를 가릴 때만 해도 애플이 불과 4~5년 후에 전 세계 휴대전화 시장을 석권하리라고는 아무도 알지 못했다. 2010년만 해도 테슬라는 재기 발랄한 벤처 기업이었지만 시장에서 조용히 사라질 수도 있는 위험한 기업으로 보는 사람이 더 많았다.

앞으로 이 분야에서 얼마나 많은 기업들이 혜성과 같이 등장할지 모른다. 그렇게 혁신의 서열 변화는 계속되고 혁신 기업들의 시가총액 순위도 정신 없이 변할것이다.

여기에서 우리가 얻을 수 있는 의미 있는 투자 지혜가 하나 있다. "아는 것이 너무 없다는 것을 깨닫는 것이야말로 우리가 현명한 투자자로 가는 지름길이다."

기술 혁신 속도는 너무 빠르고 기술력과 주가를 연결시키는 것도 어렵고 기술 기업 주가의 저평가 정도에 대한 판단도 쉽지 않은 것이 지금의 투자 현실이라면 우리는 어떤 전략을 취해야 할까?

이런 상황에서 나 대신에 누군가가 너무 고평가되어 있는 기업을 나의 포트폴리오에서 덜어내고 유망한 종목은 새로 편입해주는 관리를 성실하게 해준다면 정말 고마울 것이다. 이런 관점에서 나스닥 100 지수나 나스닥 지수, S&P500 지수, 다우존스 평균 지수, 또는 관심 있는 산업 지수를 사고 파는 것은 훌륭한 꾸러미 투자 방법이다. 존 보글이 말한 '건초 더미 투자 방법'이자 '아는 것이 없는 현실'을 극복하는 투자 방법인데 바로 ETF 매매다. 물론 특정한 혁신 기술 테마의 ETF도 좋다. 위험은 주가 지수 ETF보다는 높지만 산업에 대한 판단만 잘 하면 나쁘지 않은 투자 방법이다.

시장이 강세장일 때는 핵심 주도 산업의 ETF나 나스닥 100 지수 ETF 수익률이 탁월할 것이고 증시가 약세로 돌아서도 개별 종목에 집중 투자하는 것보다는 위험 관리 면에서 ETF는 차선책 정도는 된다. 물론 약세장에서는 안전한 국채나 현금 비중을 높이는 것이 최상이다.

어떤 꾸러미 투자이든 그 건초 더미에 귀한 바늘이 숨어 있다면 주가가 잠시 조정을 보이더라도 시간 가치(오래 보유하고 있음으로써 결국 주가가 오르는 효과)는 결국 투자자의 편일 것이다. 4차 산업과 혁신 성장 산업, AI 산업이 세계 경제를 주도할 것이라는 판단이 틀리지 않는 한, 관련 기업에 대한 장기 투자는 반드시 좋은 결실을 거둘 것이다.

# 분업 질서
## 변화 시
# 수혜 기업은?

>>> >>> >>> **보호 무역주의, 심상치 않다**

돌아보면 지난 1990년대 세계는 신자유주의와 IT 혁명이 만나 세계화가 빠르게 진행된 시절이었다. 1995년 1월에는 WTO가 출범했고 전 세계 여러 무역 규제들이 철폐되거나 줄어들면서 세계는 단일 경제 블록으로 빠르게 변모했다. 지난 30년간 세계 무역 질서의 가장 큰 특징이라면 범세계적인 가치 사슬GVCs: Global Value Chains이 촘촘하게 구축되었다는 것이다.

이러한 분업 질서는 2008년 세계 금융 위기 직후부터 변화를 보였는데 그 계기는 미국과 중국의 패권 분쟁이었다. 이후 최근까지 글로벌 가치 사슬은 느슨해졌고 급기야 가장 싸게 물건을 만들 수 있는 지역(국가)에 공장을 짓는 것은 이제 옛말이 되었다. 원부자재와 중간재를 마음대로 조달하는 것도 까다로워졌고 핵심 원자재나 첨단 기술 기반의 부품이나 장비, 전략 상품이 이동하기엔 이제 국경이 너무 높아 보인다.

앞으로 트럼프 정부의 보호 무역 정책은 그 장벽을 한층 높일 것이다. 무역 프레임은 한번 만들어지면 변하기 어려운 성격이 있는데 트럼프 정부는 일부 관세 정책의 경우 의회 승인을 받아 지정함으로써 다음 정부에서도 쉽게 뒤집기 어렵게 만들어놓을 공산이 크다.

사실 미국 민주당 정부도 공화당 못지않게 보호 무역에 결코 소극적이지 않았음을 우리는 익히 잘 알고 있다. 트럼프 1기 (2017~2020년)에 만들어진 관세 정책이 바이든 정부(2021~2024년) 때도 그대로 이어져 왔듯이 트럼프 2기에 새로 만들어질 무역 정책은 2029년 이후에도 지속될 가능성이 있다.

세계 최대의 소비국인 미국은 현재 세계 모든 기업들에게 미국 땅에 공장을 지을 것을 강요하고 있다. 미국은 기축 통화국(달러 패권)의 지위를 유지하면서 무역 수지 적자를 줄이는 정책(전 세계에 달러 공급을 줄이는 정책)을 추구하고 있다.

미국은 서비스 산업뿐 아니라 이제 모든 제조업에서도 일등을 지향하고 있다. 이는 미국이 장기간 세계 최대의 소비 국가이자 달러 패권 국가가 되면서 자리 잡은 제조업 아웃소싱 정책을 거꾸로 뒤집는 것이다. 왜냐하면 지난 수십 년 동안 미국 내 제조업 일자리가 사라졌기 때문이고, 이제는 일자리를 되찾는다는 논리가 설득력을 얻고 있기 때문이다. 트럼프는 이 점을 선거에 집요하게 활용해서 두 번이나 대통령으로 당선되었다.

고급 인력, 좋은 교육 시스템, 높은 기술력, 풍부한 특허, 금융

## 47. 대미 외국인 직접 투자 추이

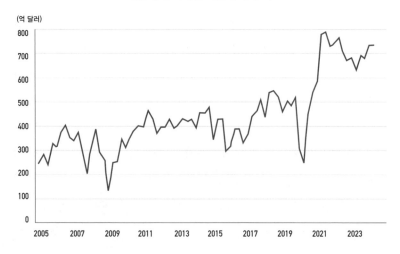

(억 달러)

시스템 등 각종 소프트 파워와 소프트웨어 산업, 그리고 풍부한 에너지 자원을 기반으로 최신식 제조업 설비까지 갖춘다면, 미국은 완전히 새로운 산업 국가로 탈바꿈할 것이다.

　문제는 이 과정에서 다른 나라들은 빠르게 산업 공동화(국내에 공장이 텅 비는 현상)를 겪게 될 것이고 국내 분업 체계가 흔들릴 것이며, 고용 부진과 세수 감소를 겪을 것이다. 이러한 근린 궁핍화 정책Beggar-thy-neighbor Policy은 달러 강세와 물가 상승(로컬 통화 약세로 인한 수입 물가 상승), 미국 자산과의 수익 차별화 등 적지 않은 부작용을 낳을 것이다. 미국에 집중되는 설비 투자는 세계 교역을 위축시키고 주변국들의 경기 부진은 결국 미국 경기에도 부담으로 되돌아올 것이다.

114

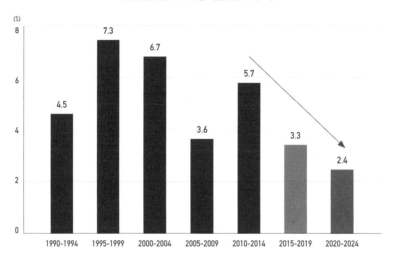

## 48. 글로벌 교역 증가율 둔화 추이

(%)

- 1990-1994: 4.5
- 1995-1999: 7.3
- 2000-2004: 6.7
- 2005-2009: 3.6
- 2010-2014: 5.7
- 2015-2019: 3.3
- 2020-2024: 2.4

　사실 전 세계 교역은 이미 2000년부터 줄어들기 시작했고 중국 경제 성장률이 둔화하기 시작한 2010년 이후로는 확연히 감소했으며, 미국과 중국이 상호 관세를 대폭 올렸던 트럼프 1기부터는(2017년 이후) 더욱 위축되었다. 2000년 이후 선진국과 신흥국 모두 교역(수출입)의 GDP 기여도가 계속 낮아지고 있는데 미국의 관세 정책 속도에 따라 세계 경제는 자칫 장기 저성장의 늪에 빠질 수도 있다. 미국무역위원회 USTIC는 평균 관세율 10% 부과에 세계 교역량은 2.5% 감소하고, 중국산 전기차에 20% 관세만 부과해도 중국 전기차의 대미 수출이 62.5% 감소할 것이라고 분석했다.

　관세 장벽은 당연히 수출 의존도가 높은 국가에 부담이 크다.

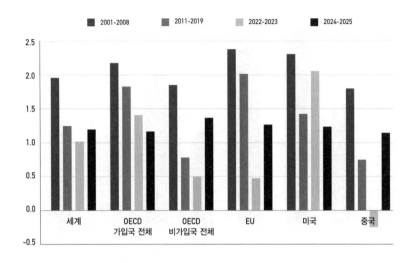

GDP에서 내수 소비 비율이 가장 높은 나라는 현재 단연 미국이며 선진국 중에서는 영국, 이탈리아, 프랑스, 캐나다 등이 GDP 대비 높은 소비 비율을 보이고 있다.

중국은 거대 인구에도 불구하고 수출 의존도가 G20 국가 중 가장 높다. 특히 중국은 GDP에서 내수 소비 비율은 낮으면서 고정 투자 비중은 높은 국가여서 국내 투자(건설 및 설비 투자)가 조정을 보일 때 내수 침체의 위험이 높다. 트럼프 정부의 관세 인상 시 이에 비례해서 더 큰 규모의 경기 부양책을 발동해야만 하는 이유다.

한국도 GDP에서 내수 소비의 비율은 낮은 편이고 고정 투자 비율은 높아 세계 교역 위축 시 경기 충격이 크게 나타날 것이다. 즉 수출이 부진하면 공장 설비 가동이 줄어 기업의 현금 흐름이 위축되고 고용과 소득 부진으로 부동산 경기가 침체되므로 국민 경제 전체의 활력이 저하될 것이다. 분업 질서 변화로 인한 한국 경제 전반의 위축은 불가피해 보인다. 보호 무역주의라는 변화의 물결은 투자 관점에서 다음과 같은 몇 가지 아이디어를 우리에게 제공한다.

>>> >>> >>>　**저부가 범용재 산업의 위기**

첫째, 미국의 관세율 추가 인상은 중국 상품의 덤핑을 가속시킬 위험이 있다. 부가 가치가 낮은 소재 및 자본재 산업은 투자에 유의해야 한다. 다 그런 것은 아니지만 이런 산업에서는 이미 많은 기업들이 이익 부진과 마진율 하락에 시달려왔다. 2024년 6월 한국무역협회 국제무역통상연구원의 보고서에 따르면 한국의 주력 수출 시장 중 하나인 아세안ASEAN(동남아시아 국가 연합)에서 한국과 중국의 수출 경합도는 더 치열해진 것으로 나타났다. (한국과 중국 100대 수출 품목 중 현재 40개가 겹치고 있는데, 참고로 2018년에는 32개였다.)

또 아세안 지역에 대한 중국의 공세로 아세안 수입 시장에서 한국의 점유율은 2016년 이후 계속 7%대에 머문 반면, 중국의 점유율은 2023년 23.9%로 역대 최고치를 기록하고 있다. 미·중 갈등 속에서 중국이 미국 우회 수출 경로로 활용하는 멕시코 시장

## 50. GDP 중 민간 소비 및 고정 자본 형성 비율(G20 국가)

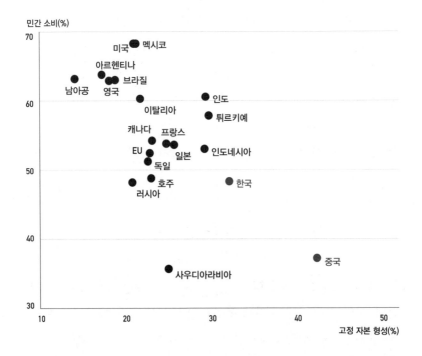

에서도 한·중 경쟁은 더 치열해졌다. 양국이 경합하는 주요 수
출 품목 수가 늘고 있으며 수출 경합도 또한 2020년에서 2023년
기간 중 0.315에서 0.352로 증가했다(수출 경합도가 1에 가까워질수
록 경쟁이 높음을 의미).

주요 한·중 경합 분야도 철강·금속, 자동차, 자동차 부품, 석
유화학, 무선 통신 등 지금까지 우리가 강점을 가진 품목에서 많
아지고 있다.

>>> >>> >>>    **반사 이익 수혜 산업을 찾아라**

둘째는 미국의 대중국 규제로 반사 이익을 누리는 산업을 주목해야 한다. 앞으로 중국에 대한 미국의 제재 수위는 AI 분야에 특히 집중될 것이다. 여기에는 HBM(고대역폭 메모리), 첨단 메모리 반도체, 게이트 올 어라운드GAA 트랜지스터 기술 등 주요 차세대 신기술들이 주를 이룰 것이다. AI 기술은 군사적으로도 예민한 산업이다.

미국은 중국이 '전투 시 무기 표적 설정, 위치 추적과 같은 대규모 감시 등에 사용될 수 있는 AI 애플리케이션'을 개발하는 것을 막으려고 한다. 빠른 기술 모방과 대규모 정부 지원, 낮은 원가율 등을 강점으로 성장하고 있는 중국의 관련 산업에 대한 미국의 제재는 더욱 강화될 것이다.

중국에 대한 투자 경로를 차단해 설비나 공정 기술 개발을 제한할 뿐만 아니라 판매까지 막는다면 우리 반도체 기업들의 피해가 우려된다. IHS마킷에 따르면 삼성전자, SK하이닉스 매출에서 중국이 차지하는 비율은 각각 35.2%, 36.7%에 달한다.

이 중 특히 AI과 관련된 고품위 반도체 산업은 그 성장 잠재력을 아무리 강조해도 지나치지 않다. 미국의 가트너Gartner는 AI 반도체 시장 규모가 2022년 444억 4천만 달러에서 2026년에는 860억 8천만 달러로 2배 가까이 성장할 것으로 전망하고 있다.

반도체를 둘러싼 미·중 긴장은 더 심해질 것이다. 중국은 AI 구동에 필요한 반도체 칩을 독자적으로 개발하고 있으며 미국의 반도체 장비 수출 규제를 피하기 위해 자체적으로 장비 개발에

박차를 가하고 있다.

미국의 대중 제재가 어떤 면에서는 중국에게 오히려 경제적 이득을 가져다줄 수도 있다. 왜냐하면 중국은 매년 4천억 달러 이상의 반도체를 수입하는 세계 최대의 반도체 수입국인데 미국과 중국에 이어 유럽, 일본까지 가세한 반도체 국산화 열풍은 글로벌 반도체의 공급 증가로 이어질 수 있고 그 결과 반도체의 가격 상승이 억제되거나 하락한다면 그 혜택은 반도체 수요량이 많은 중국이 누릴 것이기 때문이다.

결론적으로 미국의 중국 때리기 과정에서 피해 산업과 수혜 산업을 쉽게 단정할 수는 없지만 우리나라 입장에서 트럼프 정책의 가장 큰 피해 업종은 인플레이션 감축법IRA와 반도체·과학법CHIPS&Science Act에서 보장된 보조금과 투자 세액 공제가 줄어들거나 폐지될 수 있는 반도체, 자동차, 이차전지 업종일 것이다. 하지만 고용 유발 정도에 따라 보조금 지급 규모를 차등화할 가능성이 있어 일단 지켜볼 일이다.

더 넓은 구도에서는 바이든 정부 때보다 트럼프 2.0 시대에 우리 산업의 수혜 범위가 더 넓어질 가능성도 있다. 이는 전술한 바와 같이 중국에 대한 강한 제재 때문이다. 앞으로 미국의 안정된 공급망에 우리 기업이 올라탈 여지가 많은 이유는 신뢰할 수 있는 공급망 파트너가 필요하기 때문이다. 반도체 및 반도체 장비, 파운드리, 자동차 부품, 배터리, AI 등은 궁극적으로 중국 제재에 트럼프 정부가 필요로 하는 산업이다.

앞으로 진행될 분업 질서의 변화에서 전략적 가치가 있는 핵

## 51. 주요국 반도체 산업의 전략과 목표

| | |
|---|---|
| 미국 | 제조 인센티브 및 연구·개발 지원 강화<br>• 미국혁신경쟁법(2021): 생산과 연구·개발에 520억 달러 투자, 첨단 시설·장비 투자에 대한 25% 세액 공제<br>• 반도체·과학법(2022): 제조, 연구·개발, 인력 양성에 528억 달러 투자 |
| 중국 | 원천 기술 확보, 반도체 자급률 향상<br>• 제조 2025(2015): 반도체 자급률 2025년에 70% 달성<br>• 14차 5개년 계획(2021): 미래 핵심 원천 기술 확보 및 기금 조성 |
| 일본 | 양산 체제 구축, 첨단 기술 경쟁력 확보<br>• 반도체 전략(2021): 첨단 파운드리 공동 개발 및 연구·개발 역량 강화<br>• 반도체 산업 부활 전략(2022): 생산 기반 정비, 미국과의 협력 강화 |
| EU | 역내 생산 능력 제고<br>• 2030 디지털 목표(2021): 최첨단 반도체의 20%를 유럽에서 생산<br>• 유럽반도체법(2023): 430억 유로 투자 |
| 한국 | 핵심 생산 기지 위상 확립, 선도 국가로 도약<br>• 반도체 초강대국 달성 전략(2022): 2026년까지 340조 원 투자, 향후 10년간 인력 양성 15만 명, 2030년까지 시스템 반도체 점유율 10% 달성, 소부장 자립화율 50% 목표 |

심 소재 산업이나 부품, 장비 산업의 몸값은 계속 올라갈 것이다. 또 안보적으로 민감한 국방과 조금이라도 관련된 산업, 재생 에너지, 원자력, 전력 기기 등도 안정된 공급을 요하는 산업이다. 트럼프 정부의 관세 정책으로 생기는 수입 공백을 미국이 자국 내에서 모두 충당하기란 현실적으로 불가능하다. 한편 제약 위탁 개발 생산CDMO: Contract Development and Manufacturing Organization, 원료 의약품 등도 유망한 제품이다. 미국의 의료 재정 절감에 도움을 줄 수 있기 때문이다.

보편 관세가 부과되더라도 중국 견제에 반드시 필요한 재화에 대해서는 관세 지정을 유예받거나 차별적 혜택을 이끌어낼 수 있고 우리가 비교 우위를 지닌 재화의 경우는 가격 협상력을 발휘할 여지도 있다.

### >>> >>> >>>   공공 조달 틈새를 공략하라

셋째는 미국 공공 조달 시장의 틈새를 공략하는 기업에 주목해야 한다. 2021년 바이든 행정부는 향후 8년간 2조 2,500억 달러(약 3천조 원)의 인프라 투자 계획안을 발표한바 있다. 향후 트럼프 정부도 인프라 개선 투자에 인색하지 않을것이다. AI 산업과 자율차를 지원하기 위한 차세대 통신망, 전력생산, 원자력 발전, 전력 저장 장치와 노후된 사회 간접 자본의개보수가 절실하기 때문이다. 미 연방정부의 공공 조달 시장 규모는 연간 700조 원이 넘는데 향후 10년은 미국 공공 조달 시장이 본격 확대되는 시기로 예상된다.

미국 인프라 투자와 관련된 업체들도 미국에 생산 법인을 세우거나 생산 설비를 확대 운영하지 않으면 추후 불이익을 받을수도 있는 상황으로 내몰리고 있다. 전문가들은 미국 공공 조달시장에 진출하는 데 있어 한국 기업의 조건은 일단 유리하다고보고 있다. 미국은 '통상협정법TAA'을 통해 자국 공공 조달 시장에 진출할 수 있는 국가를 제한하는데 한국은 미국 진출이 허용된 국가이기 때문이다. 공공 조달 시장에 진출한 기업들은 후속효과도 기대할 수 있다.

다양한 레퍼런스가 쌓이면 자연스럽게 미국 시장에서 제품의 품질에 대한 검증 절차도 거친 셈이니 다른 민간 사업으로 확대될 수도 있고 남미 국가나 중동 지역 등 다른 나라 공공 조달 시장으로 진출하기 위한 전진 기지로 삼을 수도 있다.

# 국방·안보 우주 관련 산업

2019년 당시 도널드 트럼프 대통령이 지미 카터 전 대통령에게 전화를 걸었을 때 카터 전 대통령이 한 말이 시사 주간지 〈뉴스위크〉 2019년 4월 15일 자에 보도된 바 있다. 카터는 1979년 1월에 중국과 외교를 정상화했던 미국 제39대 대통령이다.

1979년 이후 중국은 전쟁을 멈췄고 미국은 계속 전쟁을 치르고 있다. 미국은 248년(1776~2024)에 걸친 역사에서 오직 16년만 평화를 누린 세계 역사상 가장 호전적인 국가The Most Warlike Nation in the History of the World다. 이는 미국의 패권이 점점 더 강해지면서 미국의 원칙과 질서를 전 세계에 투영한 결과다. 물론 미국이 강대해지면서 세계 평화가 유지된 측면도 있음을 인정해야 한다. 하지만 미국이 그동안 지구촌 여러 전쟁에 개입해왔다는 사실을 부정할 수는 없을 것이다.

아무튼 트럼프는 1기 재임 시절 전임 대통령으로부터 "미국은 세계 역사상 매우 호전적인 국가"라는 말을 들었다. 그리고 2기 정부 출범을 앞두고 트럼프는 '그다지 효익이 없는 대외 전쟁에 가능한 적게 개입하고 자국의 국방비를 절감한다는 기본 원칙'을 세운 듯하다. 그러나 미국 국익에 위협이 되는 중국의 패권 도전에는 모든 군사 역량을 집중할 뜻을 비추고 있다.

이재봉 원광대학교 정치외교학·평화학 명예교수는 그간 미국의 군사적 행보에 대해 이렇게 정리한 바 있다.

첫째, 1945년 제2차 세계대전 종식 이후 2024년까지 세계 150곳 이상의 지역에서 250여 차례 크고 작은 전쟁이 일어났는데, 이 가운데 미국은 200여 차례 개입했다. (참고로 20세기에만 전쟁으로 약 1억 9천만 명이 사망했다.)

둘째, 미국은 2024년 현재 약 60개국에 800곳 안팎의 군사 기지를 운영하면서 약 170개국과 군사 훈련을 실시하고 있다.

셋째, 미국은 2023년 9,055억 달러(1,245조 원)의 군비를 지출했는데, 이는 전 세계 군비(2조 2천억 달러)의 40% 이상의 규모다. 2위 중국(2,195억 달러)보다 4배 이상 많고 전쟁 중인 3위 러시아(1,085억 달러)의 8배가 넘는 군비 지출 규모이다. 미국을 제외한 국방비 최대 지출 국가 15위 이내 국가들의 국방비를 모두 합친 것보다 미국의 국방비가 더 많다.

미 공화당은 미국이 강력한 군사력으로 '힘을 통한 평화'에 집중하면서도 미국 국익에 직접 도움이 되지 않는 불필요한 전쟁 개입은 최소화하는 쪽으로 군사 안보 정책을 펼칠 것임을 시사하고 있다.

국제 질서 면에서 트럼프 2기가 1기와 다른 점은 러시아와 중국이 더 위협적인 존재가 되었다는 점이다. 미국 외교 안보 싱크탱크인 미국외교협회CFR를 20년간 이끈 리처드 하스 명예회장은 미·중 관계의 현실적인 목표는 "양국이 서로의 차이를 관리하는 법을 배우는 것"이라 지적했다. '무엇을 피할 수 있는지'에 집중하지 않으면 갈등과 마찰을 넘어, 충돌할 수 있다는 뜻이다.

이 과정에서 트럼프 정부는 북핵 문제를 비롯해 많은 부문에서 우리와 다른 시각을 유지할 수 있다. 우선은 동맹과 적국을 비슷하게 대하고 '거래'에 기대한 그의 외교·안보 정책은 2기에도 지속될 것이다. 방위비 분담금 증액과 미국에 대한 국방 및 교역, 경제 기여도가 믹스되어 협상 테이블에 올라올 것이다.

미국은 자국의 국방비 절감과 함께 각국에게는 방위비 증강을 요구할 것으로 보인다. 트럼프 정부는 NATO 회원국들의 국방비 증가(GDP의 2%)를 압박하고 한국, 대만 등 우방국들에게는 방위비 분담금 증액을 요구할 것으로 보인다.

미국 공화당 정강에 중국을 직접 거론하고 있지는 않지만 동중국해와 남중국해에서 자유주의 질서를 해치는 패권주의, 일방주의에 좀 더 강력하게 대응할 것임을 명시한 것을 보면, 인도·태평양 지역에서 트럼프 2기 행정부의 대중국 억제 전략은 한층 강화될 듯하다. 아울러 미국은 대만 해협의 평화와 안정을 위해 중국과 가능한 신중한 균형을 이뤄 나가려고 할 것이다.

이 과정에서 전문가들은 앞으로 세계 인구의 65%, GDP의 60% 이상을 차지하고 세계 해상 물동량의 절반을 감당하는 인도양과 태평양 사이의 지역이 세계 안보에서 차지하는 비중이 커질 것으로 전망하고 있다. 이런 배경에서 한국과 일본의 방위 역량은 그 어느 때보다 중요해질 것이다.

특히 최근 인도·태평양 지역 국가들이 방위 역량을 키우는 데 힘쓰고 있는데 인도, 인도네시아, 태국, 필리핀 등에서 K방산이 잇단 러브콜을 받는 이유도 이와 무관하지 않은 듯하다.

한편 EU도 자체 역내 방위 능력을 키우기 위한 장기 전략을 2024년 3월에 발표한 바 있다. EU는 그간 미국 주도의 NATO에 안보를 의존해왔는데 이제 역내 자체 방위 전략을 마련했다는 점에서 의미가 있다. 러시아의 우크라이나 침공과 장기간의 재래식 전투는 유럽 국가들에게 시사하는 바가 정말 크다. 이 전쟁이 끝나면 나토 국가들의 전력 증강 논의가 활발해질 것이다.

EU 집행위원회가 공개한 '유럽 방위 산업 전략EDIS: European Defenses Industrial Strategy'은 "유럽 땅에서 재래식 고강도 전쟁이 다시 시작되는 상황에 대비해 자체 안보를 강화해야 한다."라고 분명히 밝혔고 러시아 등 외부로부터의 장기적·구조적 통합 방위 틀이 마련되어야 함을 강조하고 있다.

품질과 성능, 가격 경쟁력 면에서 모두 검증된 한국의 K방산은 유럽에서도 당연히 큰 수혜를 누릴 것이다. 국가를 상대로 하는(C to N) 방위 산업은 입찰에 일단 성공하면 특별한 하자가 없는 한 계속 채택될 가능성이 크다. 무기 체계 운용의 일관성 유지와 사용의 편의성, 안정성 때문이다. 무기는 종류별로 차이는 있지만 업그레이드 지속과 다른 무기 체계와의 연계가 중요하므

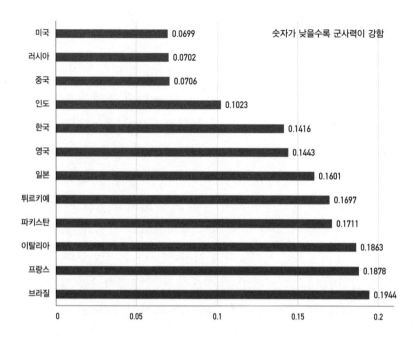

### 52. 세계 군사력 상위 12개국

미국 0.0699
러시아 0.0702
중국 0.0706
인도 0.1023
한국 0.1416
영국 0.1443
일본 0.1601
튀르키예 0.1697
파키스탄 0.1711
이탈리아 0.1863
프랑스 0.1878
브라질 0.1944

숫자가 낮을수록 군사력이 강함

로 초기 시장 침투가 중요하다. 또한 보수 유지와 소모품 등 부수적 매출도 계속 보장된다는 점에서 방위 산업은 장기로 한국의 수출 효자 산업 역할을 톡톡히 할 것으로 기대된다.

미국은 대통령실 산하 과학기술정책국OSTP이 국가 과학 기술 전략을 작성해 의회에 보고하는데 이는 특히 요주의 국가에 비해 군사력이나 관련 기술력의 우위를 확보하기 위한 국가의 포괄적이고도 다면적인 정책 법안이자 종합 전략이라고 봐야 한다.

이 법안으로 유추할 수 있는 것은 미국의 안보상 중요한 분야

## 53. 미국 '경제 안보 및 과학, 연구, 혁신 전략'

| 작성 기관 | • 대통령 및 과학기술정책국<sub>OSTP</sub>, 국가과학기술자문위원회<sub>NSTC</sub><br>• 국가안보위원회<sub>NSC</sub>, 국가경제위원회<sub>NEC</sub> 등<br>• 중화인민공화국, 조선민주주의인민공화국 |
| --- | --- |
| 요주의 국가 | • 이란이슬람공화국, 러시아 연방 |
| 요주의 기관 | • 이민법상 테러리스트, 재무부 외국 재산 통제 리스트 등록 대상<br>• 간첩 혐의, 무기수출통제법, 수출통제개혁법, 비상경제법 등에 의해 유죄 판결을 받은 경우 |
| 작성 목적 | • 미국의 주요 경쟁국 대비 군사적 및 경제적 우위 확보를 위한 경제, 과학, 기술, 혁신, 안보 등 분야 정책 제언 및 의회 보고 |
| 주요 내용 | • 미국의 핵심 첨단 기술 역량 확보 및 전략적 경쟁국의 역량 확보 저지를 위한 기존 정책의 효과성 평가<br>• 안보 및 지정학적 관점에서 공공 및 민간 투자 현황 조사와 평가<br>• 동맹국과 연계한 수출 통제, 투자 심사, 방첩 등 분야 정책적 제언<br>• 지식 재산과 기술 탈취 방지 및 국가 지원 연구·개발 사업의 보호<br>• 연구·개발 효율성, 인력 개발, 제조업 공급망, 기술 사업화, 규제 완화 등 |

에서 동맹국인 한국의 비교 우위 산업은 미국의 보호를 받을 뿐만 아니라 미국 공공 시장에 직접 납품도 기대된다는 점이다.

조선 산업은 트럼프 2기 행정부에서 그 대표적 산업이 될 것이다. 미국의 해군력 증강 계획은 한국 조선 산업의 기술력을 반증하는 것이기도 하고 동맹과의 전략적 협업의 첫 케이스가 될 것이다. 앞서도 언급했지만 인도·태평양 지역의 안보 중요성이 높아짐에 따라 미국의 해군력 증강은 필수 과제다.

군사 전문가들은 해전의 승리는 함정의 질보다 수가 좌우한다고 입을 모은다. 그런데 중국 해군 함선은 2030년까지 460척에 이르는 반면, 이대로라면 미국의 함선은 260척에 불과할 전망이다. 게다가 중국의 군함 중 약 70%는 2010년 이후 진수된 최신 함정이다. 문제는 미국의 조선 능력이 쇠퇴하고 있어 독자적으로 빠른 시일 내에 선박 건조가 어려운 실정이다. 지난해 유출된 미 해군정보국의 미·중 조선업 역량 차이를 보면[7] 중국이 1년 동안 건조할 수 있는 총톤수는 2,325만 톤, 미국은 10만 톤 이하로 나타났다. 중국의 선박 건조 역량이 미국의 232배에 달한다는 뜻이다.

한국은 국방력 세계 5위의 군사 강국이다. 한국의 방위 산업은 그간 쌓인 우수한 기술력을 토대로 세계 시장에서 호평을 받고 있다. 정부 납품의 한계상 낮은 마진율을 벗어나지 못한 방위 산업은 세계 무대로 시장을 넓히면서 마진율이 평균 2배로 높아졌고 앞으로 고부가 방위 제품들이 출시될 예정이어서 전망이 밝다. K방산의 위용이 앞으로 더 높아질 것으로 기대한다.

# 기후 변화
## 수혜
## 산업

　세계 경제 전반에 영향을 크게 미칠 중요한 프레임의 변화로 환경과 기후 변화 문제를 들지 않을 수 없다. 환경 기후와 관련한 가장 큰 이슈는 지구 온난화 문제다. 지구 온난화는 전 세계 산업화, 도시화 과정에서 장기간 누적된 이산화탄소와 메탄, 오존 등 증가가 주된 원인이므로 이들 온실가스 배출을 줄이려는 지구 전체의 노력은 어떤 형태로든 지속될 것으로 보인다.

　지구 온난화는 산업혁명 이후 지구 지표면 평균 온도가 오르는 것으로 정의되는데 지난 2016년은 기상 관측 역사상 지표의 평균 기온이 가장 높았던 해였고 2017년은 세 번째로 높았던 해로 기록되었다. 최근 점점 심각성을 더해가는 지구 온난화에 대한 경고는 어제오늘 일이 아니다.

　기상학자들은 만약 우리가 온실가스의 감축 노력 없이 지금 추세로 이산화탄소를 배출한다면 엄청난 기후 재앙이 우

## 54. 지표면 기온 전망

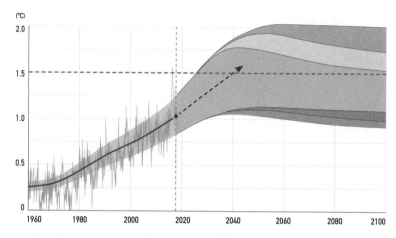

2055년까지 이산화탄소 '넷 제로'(탄소 배출량과 이를 상쇄하는 흡수량이 동일한 상태)에 도달하고, 2030년 이후 이산화탄소 이외의 온실가스 배출량을 줄이면 지구 온난화를 1.5도 이하로 제한할 확률이 커진다.

리를 위협할 것이고 2040년이 되기 전에 산업화(1850~1900년) 이전보다 지구 표면 기온이 섭씨 1.5도 상승할 것이 확실하다고 전망하고 있다. 이는 기후 변화에 관한 정부 간 협의체IPCC: International Panel on Climate Change의 이전 보고서와 비교했을 때 기후 재앙의 한계 전환점에 도달하는 시점이 9~12년 정도 빨라지는 것을 의미한다.

지구 온도가 섭씨 1.5도 높아지면 폭염은 8.6배 증가하고 집중호우나 가뭄과 같은 기상 이변은 2배 이상 늘어날 것으로 IPCC는 밝히고 있다. 기상학자들은 2100년경에는 결국 지구 지표의 평균 기온이 산업화 이전 대비 약 섭씨 4도에서 5도까지 올라감

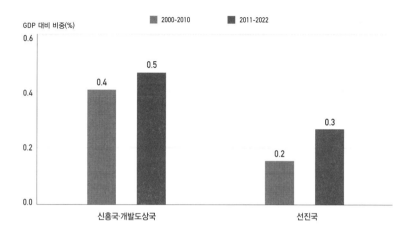

## 55. 자연재해의 국가적 비용

GDP 대비 비중(%)

■ 2000-2010  ■ 2011-2022

0.6

0.4

0.5

0.4

0.2

0.3

0.2

0.0

신흥국·개발도상국　　　　　선진국

으로써 인류가 더 이상 버티지 못할 환경에 이를 것으로 경고하고 있다.

이처럼 지구 온난화는 지구촌의 각종 이상 기상 현상과 자연재해의 주원인으로 알려져 있다. 실제로 최근 잦아진 폭염과 가뭄, 전례 없는 홍수와 태풍, 허리케인, 우박, 대형 산불 등이 더 자주 발생하고 있고 그 강도 또한 높아지고 있다.

2023년 7월, 세계기상기구는 엘니뇨의[8] 발생을 공식화했다. 전문가들은 이번 엘니뇨가 기존보다 훨씬 강한 '슈퍼 엘니뇨'가 될 것으로 보고 있다. 이러한 기후 불안은 고스란히 경제적 비용으로 부과되고 있고 기후발 물가 상승의 원인이 되고 있다. 앞으로 자연재해로 인해 국가가 감당해야 할 비용은 계속 늘어날 것이다.

전 세계 온실가스 배출을 줄이려는 글로벌 공조의 중심에는 2015년 12월 12일 파리에서 열린 21차 UN기후변화협약UNFCCC 당사국총회COP21 본회의에서 195개국이 채택한 '파리기후변화 협약'(일명 파리협정Paris Agreement)이 있다. 이 법은 2016년 11월 4일부터 국제법으로 정식 발효되었다. 이 협정은 버락 오바마 전 미국 대통령 주도로 체결된 것으로 산업화 이전 대비 지구 평균 온도가 섭씨 2도 이상 상승하지 않도록 온실가스 배출량을 단계적으로 감축하는 내용을 담고 있다.

온실가스 배출을 줄이려면 특히 이산화탄소 배출량이 많은 국가들이 앞장 서서 국제 협력과 제도를 이끌어가야 한다. 하지만 이 중차대한 세계 기후 위기 국면에서 미국 트럼프 정부는 출범 직후 파리협정에서 탈퇴할 것으로 보인다. 글로벌 카본 아틀라스Global Carbon Atlas에 따르면 2023년 기준으로 세계 최대 탄소 배출국은 중국(31%), 미국(14%), 인도(7.3%) 순이고 이들 3개국의 탄소 배출량이 전체 세계 배출량의 절반을 차지하고 있다. EU는 8.5%, 러시아는 4.3%를 차지하고 있고 한국은 1.3%로 세계 10위의 탄소 배출국으로 랭크되어 있다.

국가별 온실가스 감축량은 각국이 제출한 자발적 감축 목표INDC를 그대로 인정하되 2020년부터 5년마다 상향된 목표를 제출하도록 규정하고 있다. 유럽을 비롯한 세계 각국이 '탄소 중립'(이산화탄소를 배출한 만큼 이산화탄소를 흡수하는 대책을 세워 실질적인 이산화탄소 배출량을 제로로 만든다는 개념)을 얼마나 차질 없이 추

## 56. 국가별 탄소 배출량

| 국가 | 탄소 배출량($MtCO_2$) | 비중(%) |
|---|---|---|
| 중국 | 11,903 | 31.5 |
| 미국 | 4,911 | 13.0 |
| 인도 | 3,062 | 8.1 |
| 러시아 | 1,816 | 4.8 |
| 일본 | 989 | 2.6 |
| 이란 | 818 | 2.2 |
| 사우디아라비아 | 736 | 1.9 |
| 인도네시아 | 733 | 1.9 |
| 독일 | 596 | 1.6 |
| 한국 | 577 | 1.5 |
| 기타 | 11,651 | 30.8 |
| 합계 | 37,792 | 100.0 |

진해나가느냐가 관건이다.

탄소 중립 목표를 달성하기 위해 각국은 반드시 태양광 및 풍력 발전의 비율을 높여야 하고 수소 및 원자력 비율도 높이지 않으면 안 된다. 이러한 에너지 발전 믹스의 변화로 세계는 이미 재생 에너지 산업을 두고 국가 간 치열한 각축전을 벌이고 있다. 특히 한국이 비교 우위에 있는 원자력 산업은 각국의 전략 에너지원으로 그 중요성이 더욱 높아져 기대가 크다.

2011년에 발생한 일본 후쿠시마 원전 사고 이후 '탈원전'을 선언했던 국가들이 최근에는 다시 '원전을 선택하는 쪽'으로 속속

## 57. 탈脫 '탈원전' 중인 주요국 원전 정책

| 탈원전 폐기 | |
|---|---|
| 스위스 | 2011년 후쿠시마 사고 이후 '탈원전' → 2024년 8월 28일 신규 원전 허용 법 추진키로 |
| 이탈리아 | 35년간 탈원전 → 2024년 7월 14일 원전 재도입 공식화 |
| 스웨덴 | 1980년 국민투표로 단계적 탈원전 선언 → 2023년 신규 원전 건설 계획 발표 |
| 벨기에 | '2025년 탈원전 달성' 선언 → 2022년 기존 원전 운영 10년 연장 발표 |
| 프랑스 | 2011년 이후 원전 단계적 감축(원전 비율 75% → 50%) → 2022년 초 대규모 원전 투자 발표로 유턴 |
| 한국 | 탈원전 정책 추진(2017년) → 윤석열 정부(2022년) 탈원전 폐기 |
| 일본 | 2011년 후쿠시마 사고 이후 신규 원전 건설·증설 중단 → 2022년 12월 "향후 원전을 최대한 활용한다" 방침 확정 |
| 탈원전 고민 | |
| 대만 | 2025년까지 원전 폐로 진행 중 → 최근 블랙아웃 방지·TSMC 육성 위한 '탈원전 반대' 여론 커져 |

선회하고 있다.

국제원자력기구IAEA는 오는 2050년 전 세계 가동 원전이 최대 1천 기(2024년 9월 현재 439기)에 달할 것으로 전망하고 있다. EU는 2022년 그린 택소노미(녹색 분류 체계)에 원전을 포함하는 것을 결정했다. 2023년 UN 기후변화협약 당사국총회에서는 한·미·일 등 22개국이 원전 발전량을 2050년까지 3배로 늘리기로 결의했다.

재생 에너지 생산이 여의치 않은 국가나 2022년 러시아의 우크라이나 침공 후 에너지 위기를 경험한 유럽 국가들이 탄소 중립 달성과 전력 수요 급증이라는 두 가지 과제를 동시에 해결하는 방안으로 원전을 선택하고 있다.

원전 중에서도 소형 원전SMR은 지진이나 해일 등의 피해를 입어도 방사능 유출 위험이 적고 일반 원전보다 건설 기간이 짧으며 수요처와 가까운 지역에 발전소를 지을 수 있어 송전 거리를 단축할 수 있다는 장점이 있어 주목받고 있다.

미국도 트럼프 정부가 SMR과 이보다 더 작은 초소형 원자로 개발을 적극 장려할 것으로 보인다. 미국은 에너지 자원이 풍부한 국가지만 데이터센터나 암호화폐 채굴 등에 막대한 전력을 필요로 한다. 지역 수요 특성에 맞춰 차세대 분산 에너지원으로 초소형 모듈 원자로 개발을 적극 추진하고 차세대 지능형 전력망 기술인 스마트 그리드 구축에도 박차를 가할 것으로 예상된다.

환경 문제(탄소 중립)와 관련해 한국은 어느 나라보다 산업 전환의 필요성이 큰 나라다. 우리의 경우 2021년 기준으로 GDP에서 제조업이 차지하는 비율이 35.6%로 일본(29.1%), 독일(25.1%), 미국(18.1%)보다 월등히 높다. 더욱이 그간 선진국들의 제조업 비율은 꾸준히 낮아진 반면, 우리나라의 제조업 비율은 지난 10년간 거의 변화가 없었다.

문제는 한국의 제조업 중 탄소 배출이 많은 철강, 화학 등 중화학 공업의 비율이 여전히 높다는 점이다. OECD 보고서에 따르면 한국의 GDP 대비 중화학 공업 비율은 86%로(2018년 기준) 독일(81%), 일본(79%), 미국(76%)보다 높고 제조업 대비 중화학 공업 비율도 25%로 독일(17%), 일본(16%), 미국(9%)보다 높은 편이다. 한국은 철강(40%), 석유 화학 및 정유(22%), 시멘트(15%), 디스플레이와 반도체 등 전기·전자(8%) 등 주력 수출 산업의 탄소 배출량이 전체의 80%를 차지하고 있다.

현재 우리나라는 2050년 탄소 중립 목표 달성에 필요한 준비가 매우 미흡하다는 게 대다수 전문가들의 공통된 의견이다. UN 기후변화협약에 참가한 나라들은 5년 단위로 국가 온실가스 감축목표NDC를 제출해야 하는데, 이는 2050년까지 목표치를 세워둔 상태에서 이를 역으로 배분하는 방식이 되어야 감축량을 미루기 어려워지기 때문이다.

만약 한국이 '2030년까지 온실가스 40% 감축' 목표를 그대로 둘 경우, 그 뒤 20년 동안 나머지 60%를 줄여야 하는데 2030년까지의 목표 감축량을 달성한 후에 남는 배출량이 4억 3,660만 톤이니, 2031년부터 5년 단위로 1억 1천만 톤씩 줄이는 계획을 짜야 한다. 2023~2027년의 5년간 감축 목표치가 500만 톤에 불과한 점을 고려하면 이는 어마어마한 수치다.

이에 반해 주요 선진국들은 2050년까지 탄소 중립 달성을 위한 많은 정책을 꾸준히 실행해왔다. 탄소 선진국들은 이미 탄소 중립을 위해 공장이나 발전소, 운송 수단 등에서 배출되는 이산화탄소의 양을 의미 있게 줄이고 있고 이에 필요한 산업 정책과 발전, 송배전 체계를 바꾸고 재생 에너지 비율을 적극 확대하고 있다. 독일은 2040년까지 1990년 대비 88%를 감축하고, 2045년 탄소 중립 달성, 2050년 탄소 마이너스 진입 등 장기 목표를 세

## 58. 무작정 뒤로 미룬 한국의 온실가스 목표 감축률

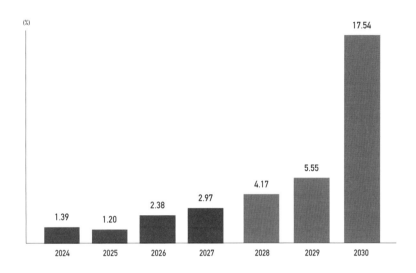

(%)

| 연도 | 값 |
|------|------|
| 2024 | 1.39 |
| 2025 | 1.20 |
| 2026 | 2.38 |
| 2027 | 2.97 |
| 2028 | 4.17 |
| 2029 | 5.55 |
| 2030 | 17.54 |

웠고, 5년 단위로 세부 목표를 설정함과 동시에 그 경로를 착실히 밟고 있다. 미국은 2020년 기준으로 풍력과 태양광을 비롯한 재생 에너지 발전 비율이 21%에 달해 원자력(19%)이나 석탄(19%)보다 이미 높아졌다.

OECD가 제공하는 탄소 생산성(에너지 관련 탄소 배출량 대비 GDP)은 탄소 배출 1킬로그램당 달러로 환산한 부가 가치 산출 정도를 나타내는데, 2019년을 기준으로 OECD 평균과 EU의 탄소 생산성은 각각 5.17과 7.02인 데 반해, 한국의 탄소 생산성은 아직 3.68에 불과하다. 동일한 부가 가치를 생산하기 위해 한국은 EU보다 탄소를 약 2배 배출하고 있다는 뜻이다.

## 59. 재생 에너지 사용 비중 비교

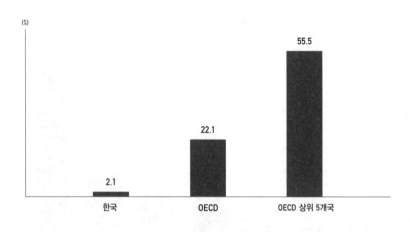

탄소 중립과 관련해 우리 경제가 곧 맞이할 난관은 탄소 국경세이다. EU은 당장 2026년 1월부터 탄소 국경 조정 제도CBAM: Carbon Border Adjustment Mechanism를 본격적으로 시행할 예정이다. CBAM는 2022년 6월 EU 의회에서 최종 승인된 법안이다. EU 역외 국가에서 철강, 알루미늄, 시멘트, 비료, 전력, 수소 등을 역내로 수출할 때 제품에 내재된 탄소 배출량을 보고하고 탄소 배출량에 따른 인증서를 구매하도록 하는 제도로, 일종의 탄소 무역 장벽이자 수출 기업에는 바로 원가 상승과 직결되는 요인이다.

세계는 2050년까지 탄소 중립을 달성하기 위해 재생 에너지 발전 비율을 2023년의 27~30%에서 2050년까지 60~80%로 올려야 한다. 따라서 선진국과 개도국 모두 앞으로 관련 산업의 꾸준한 성장이 예상되는데, 특히 풍력 등 재생 에너지 발전, 원자

## 60. 에너지 섹터별 세계 이산화탄소 배출 절감 전망

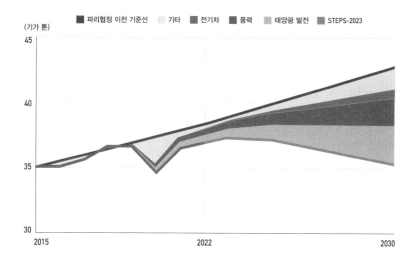

力, 송배전 등 전력 기기 산업은 우리나라 수출 주력 품목으로 확고하게 자리를 잡을 것으로 기대된다.

트럼프 2기(2025~2028년) 중 셰일 오일과 셰일 가스로 대표되는 화석 연료 증산이 가속되더라도 재생 에너지 산업이 크게 타격받지는 않을 것이다. 트럼프 1기(2017~2020년)에 비해 지금은 재생 에너지 생산 단가가 비교할 수 없을 정도로 낮아졌을 뿐 아니라 탄소 중립은 글로벌 민간 기업들이 장기 계획으로 추진하는 에너지 전환 정책인 데다 글로벌 스탠더드이기 때문이다.

인플레이션 감축법과 관련된 에너지 정책들도 정책 수혜 지역이 공화당 주지사와 하원 의원들의 지역구가 주를 이루고 있고 관련 정책들이 이미 지역 경제에 긍정적인 효과를 주기 시작하는 시기여서 이 법의 완전 폐기에는 시간과 진통이 따를 것으로 예상된다.

# 원자재
## 또는
# 자원 관련 산업

원자재 가격은 세계 경제 성장과 산업화, 도시화, 인구 증가, 통화 팽창 과정에서 장기간 상승 추세를 보여왔다. 또한 원자재 가격은 인플레이션에 친화적이다. 즉 물가 상승률에 비례하고 중장기 인플레이션을 보상해주는 자산이다.

원자재 시장은 종종 큰 폭락도 있고 대형 호재도 발생하는 등 높은 변동성을 보인다. 원자재 가격은 세계 경제 성장과 물가 상승에 따라 상승 추세였는데 특히 약 10~20년 주기로 급등세를 보여왔음을 확인할 수 있다. 하지만 원자재 시장은 가격과 수요의 숨바꼭질 원리(가격 하락으로 수요 회복, 가격 상승으로 수요 둔화) 때문에 장기 평균 추세에 수렴하는 특징을 보인다.

원자재는 그 종류가 다양하고 수요와 공급 상황이 저마다 달라 가격 움직임도 제각각이지만 여기서는 원자재 가운데 시장 규모가 가장 크고 경기와 지정학적 이슈에 민감한 원유에 대해

## 61. 원자재 가격 상승 추이(CRB 지수)

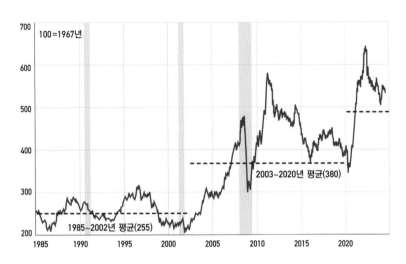

서 먼저 살펴보기로 하자.

원유는 가끔씩 대박이 터지는 곳이다. 1970년 이후 유가는 총 네 차례 폭등했다. 1974~1980년(중동전쟁, 석유 파동), 1999~2008년(세계 경기 호조, 중국의 높은 성장과 신흥국 원유 수요 증가), 2009~2011년(유가 급락에 따른 반등, 수요 회복), 2020~2022년(코로나19 극복, 공급망 차질 해소, 수요 증가)이 그 네 차례의 슈퍼 랠리 구간이다.

이 네 번의 상승 국면에서 유가(WTI 월말 종가 기준, 최저가와 최고가 단순 명목 유가 비교)는 각각 26배, 10.4배, 2.8배, 5.7배 올랐다. 최근 코로나19가 전 세계로 확산한 직후 국제 유가 선물 가격이

## 62. 국제 유가 장기 추이

(달러)
명목 유가 ── 실질 유가

한때 마이너스까지 빠진 것을 고려하면 2020~2022년의 유가 상승 폭은 실제 기록보다 훨씬 더 컸다.

이처럼 원유 시장은 공급 차질이나 수요 증가 또는 예기치 못한 이벤트 등 다양한 이유로 급등락을 반복한다. 다만 장기적 관점으로 볼 때 지금까지의 유가 랠리는 중국의 산업화와 고도 성장기(2000~2008년)를 포함하고 있다. 따라서 앞으로 유가는 예전의 중국 원유 수요 전성기 때에 비해서는 상승 기울기가 낮아지고 가격 탄력이 줄어들 것으로 보인다. 물론 중동의 지정학적 위험이나 긴급한 공급 차질로 인한 유가 변동성은 언제라도 있을 수 있다.

유가의 변동성을 부추기는 또 다른 요인으로 금융 요인을 빼놓을 수 없다. 지속된 유동성 공급과 이에 따른 투기적 수요가 그것이다. 사실 지금은 누구나 선물futures과 ETF를 통해 원자재commodity를 자유롭게 사고팔 수 있는 시대이기에 시중 유동 자금이 원자재 시장에 대거 쏠리기도 하고, 아니다 싶으면 다시 썰물처럼 빠져나가기 쉽다. 원유뿐만 아니라 투기적 수요는 근래 모든 자원 가격의 단기 변동성을 키우고 있다. 통화 정책 변경과 시중 이자율의 변동도 유가 등 원자재 가격을 출렁이게 만드는 요인이다.

그럼에도 불구하고 분명한 역사적 교훈은 원자재 가격에는 평균 회귀 성향이 존재한다는 것이다. 수십 년 만에 한 번 오는 원자재 슈퍼 사이클을9 제외한 보통의 원자재 시장이라면, 평균 회귀 성향을 고려해 가격이 급등하면 매도하고 가격이 급락하면 매수하는 전략이 필요하다. 원자재 가격은 변동성 그 자체로 수요를 조절해주는 기능이 있기 때문이다.

따라서 1970년 이후 50여 년간 평균 실질 유가(배럴당 70달러)를 기준으로 삼으면 무난할 것이다. 경기 확장기에 유가가 배럴당 70달러가 넘어 2표준편차(90달러) 이상으로 상승하면 매도하고 마이너스 2표준편차(50달러) 아래로 떨어지면 매수하는 단순한 전략이다. 물론 당면한 경기 상황(세계 경기, 특히 원유 수요가 많은 중국 경기)을 가감해서 봐야 하고 또 만약 특수한 공급 환경(전쟁, 지정학적 위험, 원유 수송 애로, 공급망 차질)이 있다면 당연히 이를 고려해서 일시적인 과열 국면도 계산에 넣어야 한다.

그렇다면 앞으로 어떤 원자재를 주목하고 관찰할 필요가 있을까? 물론 가격이 수시로 변하기 때문에 지금 당장 주목할 만한 원자재를 추천하는 것은 다소 무리다. 하지만 중장기 세계 경제의 구조적인 변화에 따라 장기로 유망한 원자재나 기타 자산을 미리 간추려보는 것은 의미가 있을 것이다.

첫째, 부존양은 제한되어 있는데 최근 수요가 꾸준히 늘면서 가격 상승 압력을 받고 있는 원자재들이다.

각국이 사 모으는 금이나 전략 자원이 여기에 해당된다. 물론 완전한 '희귀'란 세상에 드물겠지만 일단 부존양이 적으면 몸값이 오르고 수입 대체가 어렵고 설혹 국내나 다른 원산지 대안을 찾더라도 기존보다 생산 원가가 높아져 기업들에게는 부담이 될 것이다.

세계는 지금 첨단 산업에 들어가는 핵심 광물을 확보하기 위한 신新자원 전쟁에 돌입했다. 실제 중국의 희소 광물에 대한 수출 규제는 지난 10년간 5배가 늘어 1만 3천 건을 넘었다. 중국은 2023년 8월, 미국의 첨단 기술 수출 제재에 대응해 반도체와 디스플레이 산업에 필수인 희토류와 갈륨, 게르마늄 등의 수출 제한 조치를 단행했다. 이들 중 일부 자원의 가격은 벌써 공급 차질을 빚고 있고 가격도 오르고 있다.

일례로 2024년 9월부터 중국 정부는 배터리나 반도체, 태양광 패널의 핵심 소재인 안티모니Antimony라는 준금속에 대해 수출 통제를 하고 있다. 중국 정부의 이러한 조치로 이 전략 광물의 가격은 최근 2배나 뛰었다. 또 다른 관점에서, 앞으로 전 세계 수

## 63. 우라늄 선물 가격 추이

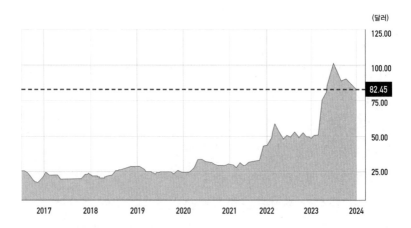

요가 한꺼번에 몰리면서 꾸준한 가격 상승이 예상되는 광물로는 원자력 발전에 핵심 자원인 우라늄을 들 수 있다.

IAEA 발표에 따르면 전 세계에서 운용 중인 원자력 발전소는 총 439기이며, 현재 건설 중인 원전은 57기에 달한다. 현재 가동 중인 원전의 68%(282기)는 30년 이상 운영되었고, 40%(165기)가 40년 이상인 노후 원전이어서 글로벌 원전 해체 시장 규모만 해도 약 500조 원 이상으로 추산되고 있다.

둘째, 인류의 영원한 필수 소비재이자 안보 산업이자 전략 자원인 곡물과[10] 그 곡물을 사료로 사용하는 가축 가격의 상승은 앞으로 글로벌 물가 상승 압력을 끌어올리는 상수가 될 수 있다. 이른바 '히트heat(더워지는 기후) 인플레이션' 우려다. 한국은행은 2024년 6월 보고서에서 지구의 온도가 1도 오를 때마다 농산물 가격이 0.4~0.5%p 오를 것이라고 분석했다.

애그플레이션은 농사 기술의 혁신 한계, 수송로 등 세계 곡물 공급망 차질, 전쟁이나 내전으로 인한 경작 어려움 등에도 그 원인이 있겠지만 이상 기온으로 인한 물 부족과 작황 부진이 주된 원인으로 지목되고 있다. EU 기후 감시 기구인 코페르니쿠스 기후변화 서비스c3s는 2024년 지구 평균 기온이 1991~2020년보다 섭씨 0.7도 높았다고 진단했다. 2024년 지구 평균 기온이 2023년에 이어 역대 최고 수준이라는 것이다.

고온 현상은 지구촌 전반적인 생산성 저하와 각국의 GDP 감소 원인도 되고 있지만 특히 식량 자원의 공급 차질에 치명적요인이다.

일례로 지난 2022년부터 폭염과 가뭄으로 올리브 수확량은 급감했고 그 결과 올리브 시세는 2024년 사상 최고가를 기록하고 있다. 최근 커피와 코코아, 오렌지, 티 등도 가격이 급등하고 있는 추세다. 2024년 11월 현재 런던 ICE 선물 거래소에서 커피 원두 가격은 16년 만에 최고 수준을 기록했다. 이상 고온과 가뭄으로 인한 물 부족과 깍지벌레 기승이 주원인이다.

미 농무부는 2024~2025년 베트남과 인도네시아, 남미 지역의 커피 원두 생산량이 15~20% 감소할 것으로 내다봤다. 최근 오렌지도 이상 기후와 병충해 확산으로 생산량이 급감하고 있는데 세계 최대 오렌지 생산지인 미국 플로리다주의 오렌지 재배 면적이 1998년 대비 반 토막 난 것으로 보고됐다.

곡물은 식량과 사료로 사용되므로 곡물 가격이 오르면 전체

# 64. 식료품 가격 추이

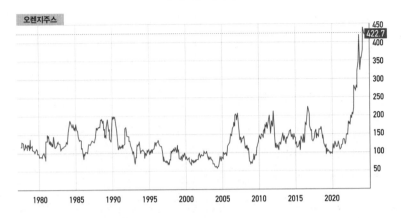

오렌지주스

450
422.7
400
350
300
250
200
150
100
50

1980　1985　1990　1995　2000　2005　2010　2015　2020

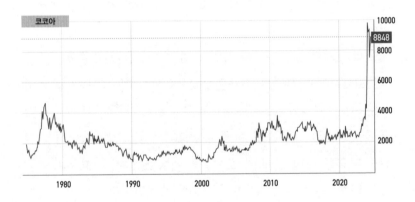

코코아

10000
8848
8000
6000
4000
2000

1980　　1990　　2000　　2010　　2020

식료품 가격이 직격탄을 맞고 필수 소비재인 식음료 부문의 특성상 다른 가계 소비가 위축된다. 또한 곡물 가격 상승은 특히 저개발 국가에게 고통을 주고 이는 내전, 지정학적 위험, 난민 증가, 국제적 갈등으로 이어지는 도화선이 된다.

이런 측면에서 기후에 민감한 농작물 가격 상승을 겨냥한 관련 ETF의 장기 투자는 합리적인 선택이다. 아울러 폭염 관련 수혜 기업이나 농축산업 기술 선도 기업, 수자원 관련 기업(담수화 기계)이 있다면 고려해볼 만하다.

농업 자동화 산업도 차세대 성장 산업으로 우뚝 설 것이다. 일례로 2024년 일본의 덴소(세계 2위 자동차 부품 기업)는 농업 자동화 온실 시스템 사업에 본격적으로 투자하고 있는데, 그 배경은 향후 기후 위기 등에 대비한 농산물 재배 산업이 급성장할 것이라는 판단에서다. 현재 전 세계 농업 자동화 시장은 7조 원 규모인데 2050년까지 연평균 성장률CAGR이 7% 이상으로 전망되고 있다.

셋째, 금과 암호화폐에 대한 전망이다. 금은 장신구나 산업 수요도 있지만 인플레이션을 헤지Hedge할 목적의 절대 통화로서의 수요가 가장 크다. 인류는 오래 전부터 금을 안전 통화로 인정해왔다. 미국이 달러와 금의 교환 약속(1트라이온스당 35달러)을 파기한 1971년 이후부터는 달러도 근본 없는 지폐가 되어버렸다. 하지만 아이러니하게도 이때부터 미국의 패권은 더 강해졌기 때문에 금 교환 파기에도 불구하고 달러는 지금까지 세계 중심 통화 지위를 유지할 수 있었다.

금이 1980년부터 2000년까지 암흑기를 보낸 것은 금 생산 기술의 비약적인 발전과 공급 증가에 그 원인이 있었다. 이후 2000년부터 지금까지 금 가격이 추세적으로 상승해온 것은 전

# 65. 글로벌 통화 팽창과 금 가격

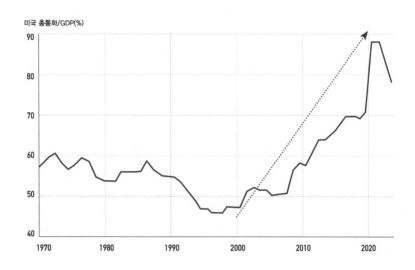

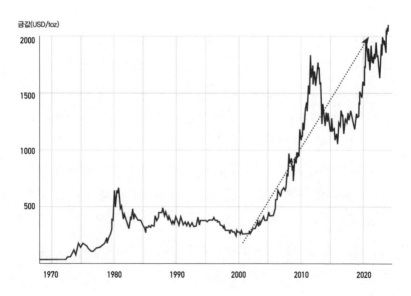

세계 종이 화폐의 발행 급증, 각국 중앙은행과 개인의 수요 증가, 한정된 금 매장량과 금 채굴 기술의 발전 한계, 금 생산 단가의 지속적 상승 등이 주된 이유다.

중국도 미·중 패권 전쟁이 격화되면서 최근 미국 국채보다는 금을 적극 매수하고 있다. 금 가격은 각국의 통화 팽창이 가팔라진 2000년대부터 더 뚜렷한 상승세를 보여왔다. 이처럼 금 수요의 지속적인 증가는 각국 종이 돈에 대한 신뢰성 하락, 심지어 달러의 신뢰성 저하 때문으로 풀이된다.

사실 통화 팽창은 미국뿐 아니라 범세계적인 현상이다. 미국을 포함한 각국이 돈을 계속 찍어내고 공공 부채가 앞으로도 계속 늘어난다면 어느 나라 통화가 끝까지 살아남을까?

당연히 미국 달러다. 그래서 전 세계가 동시에 미친듯이 돈을 푼 2008년부터 금 가격도 올랐고 달러 가치도 올랐다. 금융 위기 이후 최근까지 높은 경제 성장과 생산성 혁신, 기업들의 강한 이익 면에서 미국이 세계 최강 타이틀을 유지한 것도 이 기간 달러 강세의 요인이다.

하지만 결국 미국 달러라고 해서 인플레이션을 완전히 헤지할 수 있었던 것은 아니다. 그러니 금은 달러보다 더 올랐다. 앞으로 각국 국가 부채가 더 늘어나고 통화 가치가 더 불안해지고 인플레이션이 지속된다면 금에 대한 수요는 더 증가할 것이다. 실제 금 가격을 글로벌 소비자 물가로 나눈 값은 2010년 이후 최근까지 평균 600선을 중심으로 안정된 박스권을 유지하고 있다. 즉 금 가격이 장기간 암묵적으로 물가에 거의 고정(페그Pag)되어

## 66. G10 중앙은행들의 자산 변화(통화 팽창 추이)

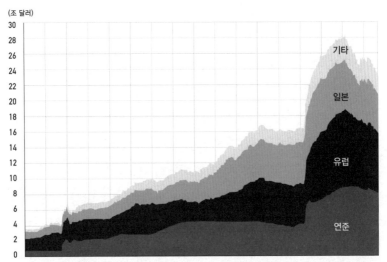

(조 달러)

기타

일본

유럽

연준

있다는 뜻이다.

금 가격이 물가 상승을 충분히 반영하고는 있지만, 각 통화 대비 금 가격은 차이를 보이고 있다. 금 가격이 트라이온스당 1,800달러로 정점을 찍었던 2013년을 기준으로 보면, 엔화 대비로는 금이 2.6배나 올랐지만, 유로화 대비로는 2.2배, 달러 대비로는 1.6배 올랐다. 즉 금을 기준으로 봤을 때 달러가 가장 적게 평가절하됐고 엔화가 가장 많이 평가절하된 셈이다. 시장은 놀랍게도 국가 부채의 증가 순으로 금 가격 대비 각국 통화를 정직하게 평가절하시키고 있다.

다만 금의 가장 큰 약점으로는 향후 시장 금리가 계속 오를 위험이다. 금은 알(이자)을 낳지 못하는 닭(자산)이기 때문이다. 금의 또 다른 위험은 아직 실현 가능성은 낮지만 몇몇 중앙은행들이나 기업이 금을 팔아 비트코인을 사는 결정을 내릴 위험이다. 특히 미국은 금과 달러가 서로 경쟁 화폐이고 달러가 열등재라는 것을 잘 알고 있다. 금에 비해 달러가 평가절하될수록, 즉 금 가격이 오를수록 달러의 패권 지위에 불편을 느낄 게 뻔하다.

사실 비트코인의 장점은 물가 상승을 헤지하고 국경 이동이 자유롭다는 데 있어 이미 대안 화폐로서 가치 저장과 교환 기능을 어느 정도는 갖췄다고 봐야 한다. 그 때문에 거액 자산가들과 글로벌 거대 기업들은 암호화폐의 유용성과 기능을 받아들이고 있다. 이제 중앙은행과 정부로서는 암호화폐를 아예 없애지 못하는 한 이를 시급히 제도화해야 한다. 그리고 이를 제도권 안으로 가장 먼저 끌어들이는 국가는 이 이상한 자산에 대한 글로벌 주도권을 거머쥠과 동시에 선취매의 편익을 누릴 수 있다.

트럼프는 2024년 9월 대통령 후보 시절, "비트코인으로 35조 달러의 미국 국가 부채를 갚을지도 모른다."며, 취임하면 대통령 직속 암호화폐 자문위원회를 만들 것이라고 말했다. 또 지금 연방정부가 보유한 비트코인(21만 개)과 앞으로 취득할 비트코인을 팔지 않고 세계 최고의 비트코인 채굴 국가가 될 것이라고 공언했다. 이미 비트코인 ETF 도입으로 전 세계 비트코인이 미국으로 유입되고 있는 중이다. 미국 우선주의를 지향하고 트럼프 내각이 암호화폐 추종파로 상당수 구성되어 있다는 점에서 전혀 현실성 없는 이야기도 아니다.

## 67. 비트코인 가격 추이

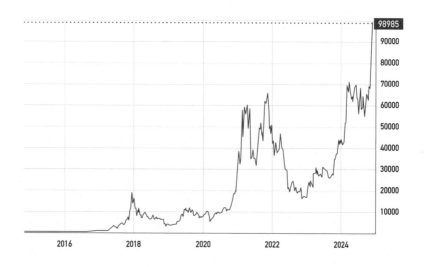

트럼프 정부는 앞으로 비트코인을 금이나 원유 곡물 등과 같이 국가 전략 자산으로 축적하고 미국을 암호화폐의 중심국으로 만드는 동시에, 더 나아가 이를 통해 국가 부채도 크게 줄일 수 있다고 믿고 있다. 두고 볼 일이지만 트럼프 2기 정부 때 암호화폐가 매우 뜨거운 감자가 될 것임을 시사하는 일들이 새 정부 출범을 앞둔 2024년 지금 워싱턴에서 계속 흘러나오고 있다.

다만 트럼프 정부의 암호화폐 사랑이 계속되더라도 암호화폐는 수급상 큰 약점이 있다. 비트코인의 경우 창시자와 초기 거액 보유자들의 대량 매도 가능성이 있고 각국 정부가 보유한 물량 역시 언제라도 시장에 쏟아질 위험이 있다. 설혹 트럼프 정부

## 68. 국가별 핵심 금속 원자재 생산 비율

| 금속명 | 1위 | 2위 | 3위 | 4위 | 5위 | 6위 | 7위 |
|---|---|---|---|---|---|---|---|
| 구리 | 칠레 28.3% | 페루 11.9% | 중국 7.9% | 콩고 6.4% | 미국 6.1% | 호주 4.5% | 러시아 3.8% |
| 아연 | 중국 34.0% | 페루 11.0% | 호주 10.0% | 인도 6.0% | 미국 6.0% | 멕시코 5.0% | 볼리비아 4.0% |
| 연 | 중국 49.0% | 호주 10.0% | 미국 6.0% | 멕시코 5.0% | 페루 5.0% | 러시아 4.0% | 인도 4.0% |
| 니켈 | 인도네시아 38.5% | 필리핀 12.3% | 호주 7.0% | 캐나다 6.6% | 러시아 6.1% | 뉴켈레도 5.9% | 중국 4.2% |
| 백금 | 남아공 72.2% | 러시아 11.8% | 짐바브웨 7.5% | 캐나다 3.7% | 미국 2.1% | | |
| 팔라듐 | 러시아 41.2% | 남아공 36.4% | 캐나다 8.1% | 미국 6.5% | 짐바브웨 5.4% | | |

4년간 결국 상승 추세를 보인다 해도 중간중간 큰 폭의 조정은 불가피해 보인다.

넷째, 핵심 원자재를 많이 보유한 국가에 대해서는 중장기로 투자 관심을 두어야 한다. 한정된 부존양에 자원 민족주의와 이기주의가 앞으로 더 심해질 것을 감안하면 자원 보유국들의 무역 수지와 환율 전망은 긍정적이고 따라서 이들 국가의 증시도 경쟁국에 비해 상대적으로 양호할 것이다. 니켈과 리튬, 코발트 등 이차전지 핵심 자원 보유국인 인도네시아, 아르헨티나, 칠레 등은 향후 광물판 OPEC(공급자 카르텔)을 결성할 수도 있다는 관측까지 나오고 있다. 전략 자원을 둘러싼 국제 갈등은 앞으로 더 심해질 것이다.

물론 정치적 난제나 지정학적 위험을 지닌 국가라면 아무리 자원이 풍부하더라도 당연히 유의해야 한다. '산유국의 저주'라는 말도 있지 않은가. 참고로 한국은 지금 이른바 첨단 산업용 '그린 메탈'의 수입 의존도가 95%에 달하지만 이를 극복하기 위해서는 제련 강국으로 발전해야 한다. 석유 생산국은 아니지만 한국이 그간 석유 화학, 정유 산업의 강국이 됐듯이 전략 광물 자원 제련 기술을 통해 간접적으로 광물 강국을 지향하는 노력이 필요하다.

# 고령화 관련 수혜 산업

UN은 2024년 7월 세계 인구 추정 보고서에서 현재 81억 1,883만 명(2024년 3월 31일 기준)의 세계 인구가 2084년 102억 9천만 명으로 최고 수준에 이른 다음, 계속 감소할 것으로 전망했다. 즉 세계 인구는 앞으로 약 60년 정도 더 증가했다가 줄어들 전망인데, 가장 큰 이유는 출산율 저하다.

UN에 따르면, 2015~2020년 전 세계 평균 출산율은 2.59명으로 이는 통계가 시작된 1950년 이후 역대 최저치에 해당하며, 향후에도 계속 감소해 2095~2100년에는 1.95명까지 줄어들 것으로 예상된다. 2015~2020년을 기준으로 합계 출산율이 가장 높은 지역은 아프리카(평균 4.44명)이며 그다음으로는 오세아니아(2.36명)와 아시아(2.15명, 주로 중앙아시아와 중동 지역)이고 가장 낮은 지역은 유럽으로 1.61명이었다.

앞으로 세계 인구의 증가는 지역별로 편차가 클 전망이다.

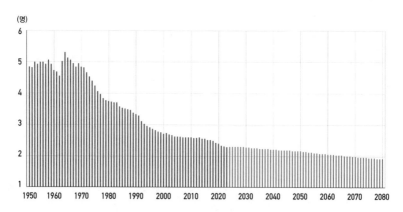

2050년까지 세계 인구는 약 20억 명 증가하고 그중 절반인 10억 명의 인구가 남아프리카 지역에서 증가할 것으로 보이며 중앙아시아와 남아시아(5억 명), 북아프리카와 서아시아(2억 4천만 명)가 그 나머지 증가분에 기여할 것으로 전망된다.

인구 변화에 따른 성장 잠재력이란 관점에서 볼 때 가장 매력적인 지역은 아프리카 대륙과 중앙아시아다. 한편 2020년에서 2050년까지 세계 전체 생산 가능 인구(15~64세)는 약 10억 6천만 명 늘어날 것으로 추정되는데, 유럽과 기타 선진국, 중국 등의 생산 가능 인구는 오히려 줄어들 것으로 예상된다.

구체적으로 살펴보면 유럽은 4천만 명, 일본은 2,100만 명, 중국은 1억 9천만 명, 한국은 1,100만 명의 생산 가능 인구 감소가 예상된다.

한편, 세계 인구 변화의 특징 가운데 빼놓을 수 없는 것이 바

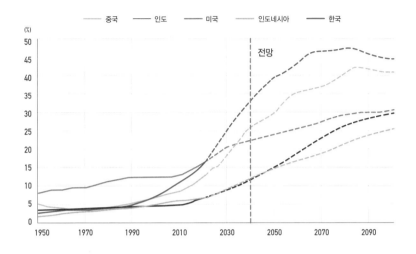

**70. 주요국 65세 이상 인구 추이와 전망**

중국 — 인도 — 미국 — 인도네시아 — 한국

(%)

전망

로 고령화 이슈이다. 출산율 증가로 세계 인구는 1946년부터 1970년대 중반까지 약 30년간 급증했는데, 이 시기에 태어난 이들이 지금 50~80세의 인구층(평균 65세)을 형성함으로써 세계 인구 고령화 중심축을 형성하고 있다. 세계 65세 이상 인구는 2022년 7억 7,100만 명으로 전 세계 인구의 약 10%에 가깝다. 이 고령 인구는 2050년에는 약 15억 5천만 명으로 8억 명이 증가하고, 2060년에는 18억 1천만 명에 달해 지금보다 10억 명 이상 증가할 것으로 전망되는데 이는 미국 인구의 약 3배, 중국 인구의 70%에 해당하는 어마어마한 규모다.

통계청 추계에 따르면 2024년 말 우리나라 65세 이상 인구는 1,024만 4천 명으로 전체 인구의 20.0%인데 이 비율(고령화 비중)

## 71. 한국의 고령화 수준 전망

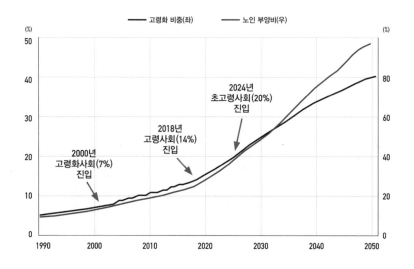

은 향후 계속 증가하여 2036년 30%, 2050년에는 40%를 넘어설 것으로 전망된다. 또한 우리나라의 생산 가능 인구(15~64세) 대비 노인 인구(65세 이상)를 표시하는 노년 부양비를 보면 2020년 21.8%에서 2024년에는 27.8%를 거쳐 2030년 38.6%, 2050년 78.6%로 급등해 OECD 평균을 크게 앞설 것으로 예상된다.

한국은행에 따르면 우리나라는 특히 단일 세대 중 가장 규모가 큰 2차 베이비부머(1964~1974년생, 954만 명, 인구 비율 18.6%) 세대가 2024년부터 향후 11년에 걸쳐 법정 은퇴 연령(60세)에 진입한다. 이는 이미 은퇴 연령에 진입한 1차 베이비부머(1955~1963년생, 705만 명, 인구비율 13.7%) 세대와 함께 앞으로 한국의 인

## 72. 2020년부터 치솟고 있는 한국의 고령화율

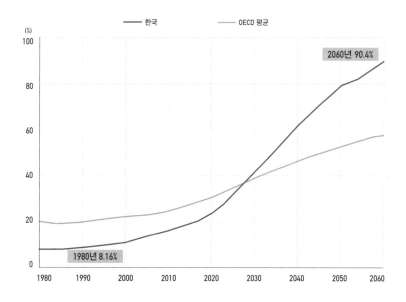

구 고령화를 더 빠르게 이끌 것이다.

한국은행은 인구의 고령화가 줄 경제적 영향력이 예상보다 더 클 것으로 분석하고 있다. 즉 60대의 고용률이 현재 수준을 유지한다는 가정하에, 2차 베이비부머의 본격 은퇴 러시(2024~2034년)로 인해 이 기간 중 한국의 경제 성장률은 연 0.38%p나 떨어질 것으로 한국은행은 전망하고 있다.

한국의 급속한 인구 고령화와 낮은 합계 출산율(OECD 평균 2022년 1.56, 전 세계 평균 2.26, 한국 2023년 기준 0.72명)은 당장 잠재 성장률, 국가 재정, 국민연금, 건강보험, 국방, 교육 등 여러 분야에서 상당한 부담을 야기할 것이고 주택 시장, 세대 간 갈등, 사회문화 현상에도 많은 변화를 가져올 것이다.

인구 고령화와 저출산의 폐해는 일일이 거론할 필요조차 없을 정도로 많지만 투자의 관점에서는 긍정적인 면들도 있다. 우선 2차 베이비부머 세대의 은퇴 전 실질 소득과 순자산 규모는 1차 베이비부머 세대보다 높아 실버 소비 시대를 이끌 전망이다. 한국무역협회에 따르면 한국의 실버 산업은 2020년 72조 원에서 2030년에는 약 2배로 성장할 전망이다.

현재 한국의 실버 산업은 소비 산업보다는 요양 간병 산업에 치중되어 있는데 앞으로는 소비 산업도 함께 성장할 것이다. 소비재로서의 실버 산업은 고령층의 삶의 질을 높임과 동시에 수출 유망 산업이다. 대표적인 실버 관련 산업으로는 의료, 건강 관리, 여가 서비스와 여행 산업을 들 수 있다. 특히 제약·바이오, 진단, 치과 의료 기기, 건강 기능 식품, 미용, 탈모, 반려동물 관련 산업 등의 성장이 돋보일 것이다.

세계적 고령화 시대에 발전 가능성이 가장 높은 산업은 뭐니뭐니 해도 제약·바이오 산업일 것이다. 신약 개발, 원료 의약품, 의약품 위탁 생산CDMO: Contract Development Manufacturing Organization 등에서 한국의 경쟁력이 기대된다. 탄탄한 의료 인프라와 고급 인력이 그 재원이다. 각국 정부의 보건 예산 절감과 보험사의 비용 절감 요구에 부합해 특허가 만료된 의약품의 복제약 생산과 값싸고 효능 좋은 혁신 신약에 대한 규제가 상당 폭 완화될 것으로 예상되는 점도 관련 산업의 발전에 긍정적이다.

## 73. 고령화 수혜 업종 중 하나인 피부 개선 기기 글로벌 시장 전망

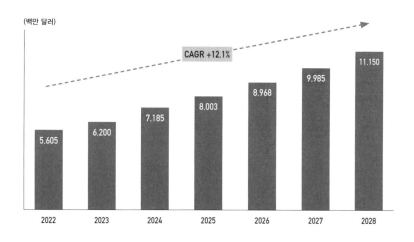

이 밖에 고령화의 진전으로 앞으로 로봇 산업의 빠른 발전이 예상된다. 간호 및 가사용 로봇, 펫 로봇으로부터 각종 서비스 지원용 로봇이 발달할 것이고 기업들은 생산 인력 부족을 극복하고 생산성을 높이기 위해 AI가 탑재된 로봇, 공장 자동화 시스템을 적극 수용할 것이다.

로봇 산업의 발전을 위해서는 이를 가로막는 규제를 합리적으로 따져서 줄여나가고 안전성과 기능성을 조화롭게 발전시키고 관련 소프트웨어나 어플리케이션을 보완하는 발 빠른 노력이 필요하다. 중국과 미국의 로봇에 대응해 한국형 로봇의 발달을 기대해본다.

인구 구조의 변화에 따라 특히 고령화 관련 산업에서 경쟁 우위를 선점하는 것은 기업이나 국가 모두에 중요한 과제다. 고령화 관련 산업은 잠재 수요가 큰 동시에 추정 수요가 크게 빗나갈 위험이 낮은 유망 산업이다. 동시에 고령화 산업은 한 국가의 보건 복지 후생 산업이자 국민의 삶의 질과 직결된 산업이므로 그 중요도가 높다.

# 해외 건설
# 프로젝트

2025년 세계 건설 시장 규모는 15조 5천억 달러로 전망되며 지역별로는 아시아가 49.3%, 유럽이 25.2%, 북미가 16.0%, 중남 미가 5.1%, 중동 아프리카가 4.4%의 비율을 보이고 있다.

최근 해외 건설 시장은 중국, 스페인 등 후발 주자가 기존의 선발 주자였던 미국과 프랑스, 일본 등을 빠르게 추격하고 있다 는 점이 흥미롭다. 또 새로운 건설 시장으로 제2의 중동 붐에 대 한 기대는 여전히 존재한다.

최근 해외 건설의 특징은 프로젝트 파이낸스PF를 통한 자금 조달과 다양한 금융 기법이 결합되어 진행되고 있다.[11] 전 세계 풍부한 유동성과 금융 기법의 발달 때문이다.

사우디아라비아의 네옴 시티Neom City를 비롯해 앞으로 한국의 해외 건설업에서 중동 지역은 더욱 중요해질 것이다(2010~2024년 중동 지역 수주 비율 44.7%). 포스트 화석 연료 시대를 대비한 고부

## 74. 네옴 시티 주요 프로젝트

| 프로젝트 | 더 라인 | 옥사곤 | 트로제나 |
|---|---|---|---|
| 개요 | 직선 도시(미래형 도시) | 첨단 산업 단지 | 친환경 관광 단지 |
| 기본 개념 | • 외관이 거울로 둘러싸인 '미러라인'이 핵심<br>• 900만 명 주민 수용<br>• 길이 170km, 높이 500m, 너비 200m<br>• 고속철도 이용으로 종단간 20분 소요<br>• 도보 5분 내 모든 시설 이용 가능 | • 세계 최대 수상 구조물<br>• 세계의 40%를 6시간 비행으로 접근 가능<br>• 지름 7km 규모의 8각형으로 구축<br>• 100% 청정 에너지로 운영<br>• 기온 10도 | • 1년 내내 스키와 각종 스포츠 활동 가능<br>• 해발 1500~2600m에 위치<br>• 60km²의 면적<br>• 기온 100도 |
| 진행 상황 | • 터널 공사 발주 완료<br>• 22년 7월 조감도 공개 프로젝트 발주 | • 옥사곤 프로젝트 내 그린수소, 암모니아 | • 현재 발주 완료 공사 없음 |

가 산업 프로젝트, 신도시 건설 프로젝트, 관광 운송 물류 프로젝트 등 중동 지역 국가들의 대형 수주 잠재력이 매우 크기 때문이다.

네옴 시티는 사우디 북서부 타부크주 홍해 인근 사막의 2만 6,500$km^2$(서울의 44배 면적)에 총 5천억 달러(약 700조 원)를 들여 미래형 신도시를 건설하는 프로젝트다. 이 신도시는 태양열, 풍력 등 친환경 에너지를 전력원으로 사용하고 식수는 담수화 플랜트로 공급되며 로봇이 물류와 보안, 각종 서비스를 담당하고 인공 숲과 강이 조성되는 등 미래 개념의 신도시다.

건설에 들어가는 자금은 사우디 국부 펀드인 공공투자기금PIE이 주축이 되지만 결국 시공에 참여하는 민간 기업들이 금융을 일으켜 자금을 조달하는 구조다. 트럼프는 2024년 대선 후보자 시절, 국부 펀드 설립안도 거론한 바가 있다.

물론 사우디의 네옴 시티와 중동 지역의 다른 여러 건설 프로젝트, 그리고 다양한 개발 사업이 탄력을 받으려면 중동 지역의 평화와 안정이 중요하고 이를 위해서는 특히 미국의 이스라엘에 대한 정책이 중요하다. 바이든 정부가 2023년 구상한 이른바 '신新향신료 길'(인도와 중동, 유럽을 잇는 철도 해운 수송로)과 같은 이 지역 경제 벨트가 복원되고 미국과 서방 세계 모두가 이 지역 평화를 지원하고 보장해야 한다. 이제 공은 일단 트럼프 정부에게 넘어왔다.

네타냐후 총리와의 극적 담판으로 중동에 평화와 안정된 질서가 곧 찾아올지, 아니면 이스라엘의 이란 공격을 지원하는 쪽으로 미국이 방향을 정할지 아직은 불분명하다. 어찌됐든 트럼프는 바이든 정부와 다른 중동 정책을 펼칠 것이다. 트럼프가 선거 유세에서 "바이든 정부는 우리를 제3차 세계대전 직전으로 이끌고 있다."면서 비판하면서 "내가 대통령이 되면 세계는 평화를 되찾을 것이다."라고 공언한 것을 액면 그대로 믿는다면 의외로 중동 지역에 트럼프발 봄이 일찍 찾아올 수도 있다.

다만 미국은 2018년 트럼프 대통령 재임 당시 이란과의 핵 합의를 일방적으로 폐기하고 대이란 제재를 복원한 바 있다. 이란의 핵시설 운영 의혹 등이 검증되지 않은 상태여서 트럼프 2기 행정부의 운신의 폭이 그리 넓은 것은 아니다. 아무튼 다시 중동 문제의 시험대에 오른 트럼프 2기 정부가 이란에 대해 강경한 입장을 취할 것인지, 아니면 조건부로 이란의 친서방 정책을 일부 수용하면서 실속 외교를 챙길지는 미지수다.

한편 중동 지역 외로는 인도네시아, 인도를 비롯한 아시아 신흥국, 중앙아시아, 선진 북미 지역이 건설 수주로 주목받고 있다. 한국 기업의 입장에서는 수주 지역을 다변화하고 각종 공공 수주, 재생 에너지 관련 수주, 원자력 발전소 해체 및 시공 수주, 자원 개발 관련 프로젝트 등 수익성이 높은 부문의 수주 비율을 높여야 한다. 즉 단순 도급 방식의 사업보다 고부가 프로젝트의 시공 비율을 얼마나 늘리느냐가 해외 건설 기업들의 수익성을 결정할 것이다.

사실은 건설 부문에서의 큰 장은 트럼프 2기 정부의 미국 안에서도 기대해볼 만하다. 구체적으로 트럼프는 뉴시티 10곳 이상에서 인프라 투자 확대를 공약했다. 미국의 초당적인 에너지, 발전 설비, 노후 도로, 항만, 공항에 대한 투자 확대는 우리 기업에도 관련 먹거리를 제공할 것이다.

전문가들은 최근 건설업이 다른 산업과 연계해 발전할 것으로 보고 있고 특히 에너지 관련 투자가 늘면서 전력 설비, 전력 저장 장치ESS의 발전이 돋보일 것으로 전망하고 있다. 또 BIM Building Information Modeling, AI, 메타버스, VR 등 디지털 기술을 활용한 설계, 시공, 유지 관리 등 건설업이 종합 운영 체계로 변모하는 추세이므로 이에 부합하는 기술 개발과 응용이 중요하다고 강조한다.

또한 최근 반反자유 무역주의의 조류와 분업 질서의 변화로 새로운 경제 벨트가 인위적으로 형성되고 있어 해외 건설 비즈니스에 민간 기업과 국가 간 공조가 더욱 중요해지고 있다.

# 히튼 챔피언과
## 문화 콘텐츠
# 산업

우리나라의 시간당 노동 생산성(노동 투입당 산출의 비율로 정의되며 부가 가치, 즉 GDP를 노동 시간으로 나눈 값)은 49.4달러(2022년 실질 구매력 평가 기준)로 OECD 평균(64.7달러)의 최하위권인 75% 수준에 머물고 있다. 우리의 낮은 노동 생산성은 고용 시장의 경직성, 노동과 자본, 기술의 비효율적인 결합도 있지만 무엇보다도 산업 구조 결함에 그 원인이 있다고 하겠다.

이러한 한계를 극복하고 변화를 이루려면 이제는 특히 작지만 강한 중견, 중소 기업의 활약이 반드시 필요하다. 왜냐하면 대기업의 생산성과 부가 가치를 밑에서 뒷받침해주지 못하면 이제는 산업 전체 부가 가치의 개선이 어렵기 때문이다. 마치 거대한 기존 구조물(경제 틀)이 더 강해지려면 그 빈틈 곳곳을 단단한 블록(기업)들이 정밀하고 야무지게 채워줘야 하는 것과 같은 이치다.

사실 이들이 수출 시장에서 약진해야 고용 측면에서도 우리나라가 살 수 있다. 중소기업의 임금이 대기업의 50%인 상황에서 진정한 내수 회복은 요원하다. 이러한 관점에서 앞으로 작지만 강하고 위대한 기업들이 활약이 반드시 있어야 한다.

투자 관점에서는 우선 점점 격화되는 보호 무역주의 아래, 상대적으로 사이즈는 작지만 기술력이 탁월한 기업을 주목해야 한다. 글로벌 밸류 체인의 구석구석 빈곳에서 러브 콜을 받는 중견기업이 타깃이다. 생산성 개선을 가로막는 여러 요인들(자금력 부족, 인력 부족, 기술 응용 노하우 미흡, 대기업과의 불공정한 관계)을 극복하는 기업이 투자에 적합하다.

또 제조업 간 또는 제조업과 서비스업의 융합 발전을 만들어 내는 기업이 유망하다. AI, 각종 소프트웨어 등 서비스 산업이 우수한 하드웨어(제조업)와 만날 때 혁신이 더 많이 일어나기 때문이다. 한국의 중견기업들이 잘할 수 있는 섹터는 앞서 분업 질서 변화의 수혜 기업 편에서 상세히 다루었다.

한편 소비재 부문에서는 글로벌 충성 고객을 기반으로 하는 소비재 기업들이 타깃이다. 문화 콘텐츠, 화장품, 미용 기기, 음식료, 의류, 영화, 엔터테인먼트 등의 분야에서 앞으로 틈새 기호 시장을 기민하게 공략하는 강소强小 기업들이 더욱 많아질 것으로 예상된다.

K팝 기반 위에 세계인에 대한 한국의 우호적인 이미지 확산은 시간이 갈수록 이러한 분야에서 저변을 넓혀가는 데 큰 도움을 줄 것이다. 한국 문화에 대한 호감은 자연스럽게 소비재 산업의 시장 확장을 도울 것이다.

## 75. 한국의 화장품 수출 추이

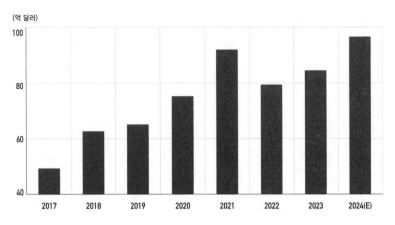

(억 달러)

 한류 문화의 확산은 최근 음식료 부문에서도 뚜렷한 성장세로 나타나고 있는데 2017년에 80억 달러에 그쳤던 우리 농수산식품 수출액은 2024년에는 120억 달러까지 증가한 것으로 추정된다. 한류를 기반으로 한 수출 산업이야말로 중견, 중소 기업이 잘할 수 있는 영역이며 시간이 갈수록 브랜드 가치를 확고히 구축해 세계적 기업으로 도약할 수도 있는 분야다. 유럽의 럭셔리 명품 브랜드 기업들이나 의류, 잡화, 가구, 미국의 영화 산업, 일본의 식음료 산업이 대표적인 성공 사례다.

 감성적 문화 및 재화 서비스 분야에서 수익을 내는 기업들의 가장 큰 장점은 세계인을 상대로 고객을 폭 넓게 확보한 뒤 낮은 위험 아래 사업 활동을 꾸준하게 펼쳐 나갈 수 있다는 것이다. 당연히 밸류에이션에 가산점(보다 높은 PER)이 정당화된다.

174

# 76. 시기별 한류 변천사

| 구분 | 시기 | 특징 |
|---|---|---|
| 한류 1.0 | 1997년~2000년대 중반 | • 드라마<br>• 아시아 |
| 한류 2.0 | 2000년대 중반~2010년대 초반 | • 드라마, K팝<br>• 아시아, 유럽, 아프리카, 중동, 중남미 |
| 한류 3.0 | 2010년대 초반~2019년 | • 드라마, K팝, 영화<br>• 전 세계 |
| 한류 4.0 | 2020년 이후 | • K컬처(드라마, K팝, 영화, 한식, 전통 문화 등)<br>• 전 세계 |

# 밸류 업
## 관련 주

　기업 가치가 개선되려면 두 가지 요건이 충족돼야 한다. 첫째
는 기업이 돈을 많이 벌어야 하고 둘째는 그 번 돈을 모든 주주
와 충분히 공유해야 한다. 말은 간단하지만 그 달성 과정은 간단
하지 않다.

　첫째 요건을 충족하려면 기업들이 돈을 많이 벌어야 하고 특
히 자기 자본 이익률ROE이 높아져야 한다. 2014년부터 2023년
까지 한국 기업의 ROE 평균값은 7.98%인 반면 신흥국과 선진
국의 ROE 평균값은 11.08%와 11.55%였다. 미국 14.9%, 대만
13.6%, 인도 12.8%, 중국 11.5%, 영국 9.6%인 것과 비교할 때
낮은 수준이다. 그러니 한국의 동 기간 주가 순자산 비율PBR은
1.04배로 미국 3.64배, 인도 3.32배, 대만 2.07배, 중국 1.5배인 것
과 비교해 낮은 수준에 머물렀다.

　한국 같은 선진국은 개도국과는 달리 (설비 투자를 늘려서) 산출

량을 늘린다고 해서 무조건 이익이 커지지 않는다. 산업마다 면면히 부가 가치가 높아져야 하는데 그러려면 기술 혁신과 생산성 개선이 필수다. 또 이를 위해서는 산업 구조 자체가 고부가 산업 위주로 탈바꿈해야 한다.

둘째로 기업 이익의 과실을 모든 주주와 함께 공유하려면 기꺼이 주주 환원(배당과 자사주 매입)을 높이려는 동인(이익을 빼돌리지 않고 배당을 많이 줘야 하는 동인)이 있어야 하고 그러려면 우선 기업 승계가 원만하게 이루어져야 한다. "소액 주주의 1주가 대주주의 1주와 같다."라는 인식과 행동이 중요한데, 소액 주주를 위하는 것이 대주주의 이익과 일치하지 않으면 주주 환원에 한계가 있다. 또한 법에서 주주의 이익을 보장해주는 최소한의 장치라도 마련해줘야 한다.

소액 주주 이익에 반하는 이사회의 의사결정을 막기 위해서는 법 개정이 필요하다. "이사는 법령과 정관의 규정에 따라 회사를 위하여 그 직무를 충실히 수행하여야 한다."라는 상법 제382조의 3의 조항 중 '회사를 위하여'에 주주 보호가 포함되는지 여부를 두고 아직도 논란 중이다. 이사의 충실 의무 대상에 미국은 '회사와 주주'를 명시하고 판례도 이를 인정하고 있다. 일본은 조문에는 명시하지 않고 있지만 해석을 통해 주주의 권리를 보호하고 있고, 영국은 회사법의 다른 조문을 통해서 주주의 권리를 보장하고 판례법으로도 주주에 대한 의무를 인정하고 있다.

한국은 조문에도, 해석에 있어서도, 판례에서도 모두 주주의 권리를 보호하고 있지 않다. 기업 경영의 자율성 위축이나 소송

## 77. 기업 밸류 업 세제 혜택 3종 세트

| 법인세 | 주주 환원 증가 금액(예: 직전 3년 대비 5% 초과분) 5% 세액 공제 |
|---|---|
| 배당소득세 | 배당 증가 금액 등 저율 분리 과세(14% → 9%, 최대 45% → 25%) |
| 상속세 | 최대 주주 할증 평가 폐지(현행 20% 할증 평가 과세), 가업 상속 공제 대상·한도 확대(600억→1200억 원) |

의 남용 문제 등 상법 개정 시의 부작용을 둘러싼 법조계의 논란
이 지속되는 가운데 기업들은 계속 물적 분할을 서슴지 않고 각
종 주주의 권익을 침해하는 의사결정을 이어가고 있다.

이 정도의 법 개정으로 기업 경영이 위축된다면 아예 처음부
터 소액 주주 앞에 상장을 안 했어야 한다. 명문 규정을 개정해
(이사의 충실 의무를 주주로 확대) 주주 보호를 더 명확하게 하는 게
한국 증시의 밸류 업 프로그램의 첫걸음이 아닐까 싶다.

그래도 다행이라면 최근 국내 기업에서도 주주 가치를 중시하
는 문화가 점점 엿보인다는 점이다. 이는 시기적으로 오너 1세대
시대가 저물고 2세대, 3세대로의 승계를 마친 기업이 늘고 있고
소액 주주를 중시하는 경영 정책이 대주주에게도 유리하다는 열
린 생각을 지닌 젊은 오너 경영자가 많아지고 있기 때문으로 풀
이된다.

하지만 한국의 밸류 업 프로그램은 아직 시작에 불과하고 갈
길이 너무 멀다. 최근 정부가 나서서 기업 밸류 업 작업을 추진
하는 것은 밸류 업의 첫 단추를 끼었다는 점에서는 다행이지

만 아직 구체성과 법적, 제도적 장치가 약하다. 각종 채찍(규제)과 당근(인센티브)을 마련해서 기업을 독려하고, 상장 제도나 기업 분할 제도, 공시 제도 등도 시급히 개선해야 한다. 가령 대주주 일가의 이익을 목적으로 악의적·고의적으로 허위 공시를 하는 기업에 대해서 지금처럼 솜방망이 벌금에 그친다면 밸류 업 프로그램은 그저 공허한 구호일 뿐이다. 자본 시장 질서를 교란하는 기업이나 경영자, 대주주, 이사회에 대한 강도 높은 처벌이 없는 한 진정한 밸류 업 프로그램은 요원한 일이다.

또한 한국의 굵직한 대표 기업들의 지배 구조가 글로벌 수준에 미치지 못하고 있는 점도 밸류 업 프로그램이 시장에서 아직 신뢰받지 못하는 이유다. 국민연금도 상장사들이 지배 구조 문제나 주주 보호에 소홀히 할 때 엄정한 잣대를 들고 나서서 코리아 밸류 업 정착에 앞장선다면 그 과실을 함께 누릴 수 있을 것이다.

한국의 밸류 업 관련 테마는 이제 막 닻을 올렸고 앞으로 시장의 중심 이슈가 될 것이다. 부족하고 멀었다는 것은 다른 말로는 잠재력이 높다는 의미도 된다. '토빈의 Q'로 봐도 한국은 1.06으로 미국의 절반 수준에 불과하다. 토빈의 Q는 증시에서 평가된 기업 가치를 기업의 총실물 자본의 대체 비용으로 나눈 값으로, 한마디로 기업의 내재 가치 대비 시장에서 평가되는 기업 가치의 비율이다. (이 지표는 기업의 미래 성장성을 평가하기 어렵고 기술력과 같은 무형 자산은 잘 반영되지 않아 다른 지표와 함께 봐야 한다.)

기업 실물 자본의 대체 비용에 비해 낮은 시장 가치를 지닌 한

### 78. 국가별 주주 환원율 비교

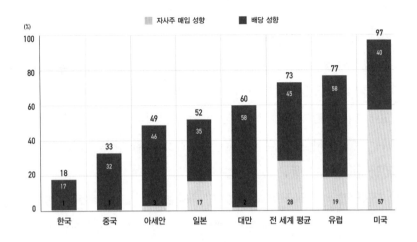

국 증시는 지금 갈림길에 서 있다. 계속 저평가된 시장에 머물지 (밸류 함정), 아니면 밸류 업을 통해 제대로 평가받는 날이 올지 말이다.

쌓아놓은 유보금이 많은 기업, 보유하고 있는 유무형 자산 가치에 비해 현재 시가총액이 턱없이 낮은 기업, 승계가 원만하게 이루어져 주주 환원이 본격화될 수 있는 기업들 가운데 PBR(주가 순자산 비율)이 낮고 업황이 나쁘지 않은 기업은 앞으로 그 가치가 주가에 반영될 것이다.

단, 투자 시 '밸류 함정'에는 유의해야 한다. 즉 이유가 있어서 주가가 싼 주식들에 대해서는 신중할 필요가 있다. 핵심 사업이 쇠락하면서 이익이 계속 줄고 있는 기업, 승계가 아직 이루어지

## 79. 국가별 기업 가치 비교

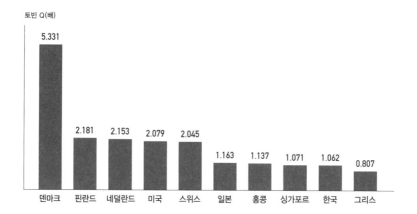

토빈 Q(배)

5.331 덴마크
2.181 핀란드
2.153 네덜란드
2.079 미국
2.045 스위스
1.163 일본
1.137 홍콩
1.071 싱가포르
1.062 한국
0.807 그리스

지 않아 이익을 되도록 축소하고 배당을 절제해 유보금을 쌓고 있는 기업, 관계사 또는 자회사를 통해 이익을 빼돌리는 기업, 허위 공시를 일삼고 유상 증자나 전환 사채 발행 등으로 주식 수가 계속 느는 기업, 정부의 마진 통제, 경영 간섭이 있는 기업들은 주의해야 한다.

# 3

## 미스터 마켓을
## 읽는 법

## : 투자의 지혜와 원칙

제3장은 투자의 지혜와 원칙을 함께 고민해보는 장이다. 투자의 지혜에 관한 내용은 통상 성공 투자자들의 소중한 경험담이나 국내외 유명 투자자의 투자 지혜, 격언 등이 주를 이룬다. 하지만 필자는 성공한 유명 투자자도 아니고 다른 사람에게 멋진 훈수를 둘 만큼 내세울 만한 투자 실력도 없다. 그렇다고 전설적인 투자 구루들의 투자 지혜를 이것저것 옮겨본들 그것은 필자의 지혜가 아니어서 뼛속 깊은 감동을 전하기는 어려울 것이다.

고민 끝에 이 책에서는 평생 경제와 증시를 분석해온 사람의 입장에서 느낀 바를 독자 여러분과 솔직하게 나누는 게 좋겠다는 생각이 들었다. 그래서 투자를 할 때 경제와 관련해 '꼭 이것만은 알았으면 좋겠다.'고 평소 생각한 점들, 경제 관련 지표나 뉴스를 엉뚱하게 해석하거나 경제 현상을 투자에 접목할 때 저지르기 쉬운 실수를 줄일 수 있는 지혜와 원칙을 정리해봤다.

아마도 투자의 고수들은 이미 직관적으로 알고 또 실천하고 있는 내용일 것이다. 여기에 소개할 것들이 모두 정답일 수는 없고 영원한 진리일 리도 없다. 단지 경제를 분석하는 사람 입장에서 느낀 매우 주관적인 단상이기에 독자들이 이를 적절히 가감하거나 보완하고, 각자의 지혜를 덧입혀 실전 투자에 활용하셨으면 한다.

투자의 여러 지혜 중에서 가장 중요한 것을 하나만 꼽는다면 역시나 감정을 조절하는 일이 아닐까 싶다. 문제는 항상 내 안에 있다. 나를 다스리면서 매크로 지표와 시장을 읽어나간다면 더 큰 유익이 있을 것이다. 폴슨앤컴퍼니의 존 폴슨 회장의 "감정을 조절하며 투자하라."는 조언을 상기하면서 각론으로 들어가보자.

# 주식 시장은 장기적으로 효율적이다, 긍정적인 시각으로 접근하자

주식 시장은 놀라울 정도로 효율적이다. 주가는 그 기초 자산 인 경기와 기업의 실적 변화와 주가의 저렴한 정도(밸류에이션) 와 금리, 주주 환원 등을 정확하게 반영한다. 주가는 보통 이러 한 펀더멘털 요인에 6개월에서 12개월 정도 선행하며 때로는 그 이상 선행하기도 한다. 주식은 단기 부침이 큰 위험 자산이지만 장기로 보면 다른 자산군에 비해 안정적이면서도 높은 수익률을 제공한다. 한 나라의 주가 지수는 결국 기업 실적과 실질 경제 성장, 인플레이션 추세와 일치한다. 주식 수익률은 보유 기간이 길수록 그 어떤 자산보다 높은 성과를 보인다.

와튼스쿨의 제러미 시겔 교수는 1802년부터 2012년까지 자산 의 실질 총수익률Total Real Returns(인플레이션을 고려하고 이자 소득과 자본 소득을 모두 포함한 수익률)을 비교한 연구에서 동 기간 연평균 주식 수익률(6.6%)이 장기 국채(3.6%)나 단기 국채(2.7%)보다 높

음을 밝혔다.[12]

이보다 짧은 5~30년의 자산 수익률 비교에서도 주식이 채권보다 높은 수익률을 기록했다는 결과를 내놓은 보고서는 수두룩하다. 1980년 이후 한국 증시의 상승 기간을 보면 강세장은 전체 기간의 약 65%를 차지했다. 물론 약세장도 35%나 됐다. 미국 증시를 봐도 1928년 이후 2024년까지 약 100년간 S&P500 지수의 상승과 하락 기간의 비율은 7대 3이었다.

피셔인베스트먼트의 켄 피셔 회장은 1970년 이후 MSCI 세계 지수 기준으로 주가가 3년 연속으로 떨어진 경우는 2000~2002년 닷컴 버블 붕괴 때 단 한 번에 불과했고 2년 연속으로 하락한 경우는 1973~1974년 1차 석유 파동 때 단 한 번이었음을 강조하면서 "증시를 긍정적으로 보라."고 조언한다.[13]

지난 반세기를 통틀어 2년 이상 연속으로 주가가 빠진 사례는 단 두 차례밖에 없다. 나머지 해는 주가 하락이 1년 이상 이어지지 않았고 주가가 한 해 빠지면 그 다음 해는 반드시 올랐다는 것이다. 이 말은 지난 55년간 주가가 하락한 해에 주식을 사서 이듬해까지 주식을 보유했다면 90%의 확률로 플러스 수익을 낼 수 있었다는 이야기와도 같다.

같은 말이지만 강세장 기간이 약세장 기간의 약 2배에 달하므로, 주식 투자에서 어려움을 겪고 있을지라도 완전히 망할 기업을 보유하고 있지 않는 한, 조금 참고 기다리면 반드시 좋은 날이 왔다는 것이다. 특히 주가 지수 기준으로는 "많이 오른 다음이라도 사서 더 오른 다음에 팔면"[14] 그것이 현명한 투자였다는 것이다.

이처럼 주식이 장기적으로 효율적이고 다른 자산에 비해 높은 수익률을 제공하는 데에는 몇 가지 이유가 있다.

첫째, 주가는 결국 경제 성장과 기업 이익의 증가를 반영하는데, 세계 경제는 장기간 꾸준히 성장해왔고 또 앞으로도 그럴 가능성이 크기 때문이다.

둘째, 기업이 보유한 건물과 토지, 공장 설비 등 실물 자산의 가격은 장기에 걸쳐 오르기 때문이다.

셋째, 상장 기업은 그 나라를 대표하는 우량 기업이고 국민 경제 전체에 비해 평균적으로 우수한 성장성과 수익성, 재무 안정성을 갖춘 기업이 많기 때문이다. 즉 장기로 보면 상장 기업은 그 나라 명목 경제 성장률 이상의 성장을 보일 가능성이 크다.

이러한 이유로 주가는 어떤 충격을 받아 잠시 장기 추세에서 이탈할 수는 있지만 그 나라 경제가 완전히 망하지 않는 한 곧 장기 평균 수준에 수렴하고 잠시 잃었던 성과를 되돌려 받는 게 일반적인 패턴이다.

그래서 주식은 인플레이션과 디플레이션 환경에 모두에 괜찮은 위험 자산이다. 1900년 이후 세계적으로 소비자 물가는 크게 다섯 차례 가파르게 올랐는데 모든 하이퍼 인플레이션 다음에는 반드시 꽤 좋은 주식 강세장이 찾아왔다.

인플레이션으로 금리가 폭등하면(채권 수익률이 폭락하면) 주가는 채권 수익률과 균형을 이룰 때까지 조정을 보이는 속성을 지니고 있다. 여기에 각종 원가 상승도 기업 이익을 훼손해 주가를

### 80. 1966년 이후 S&P500 강세장 기간과 수익률

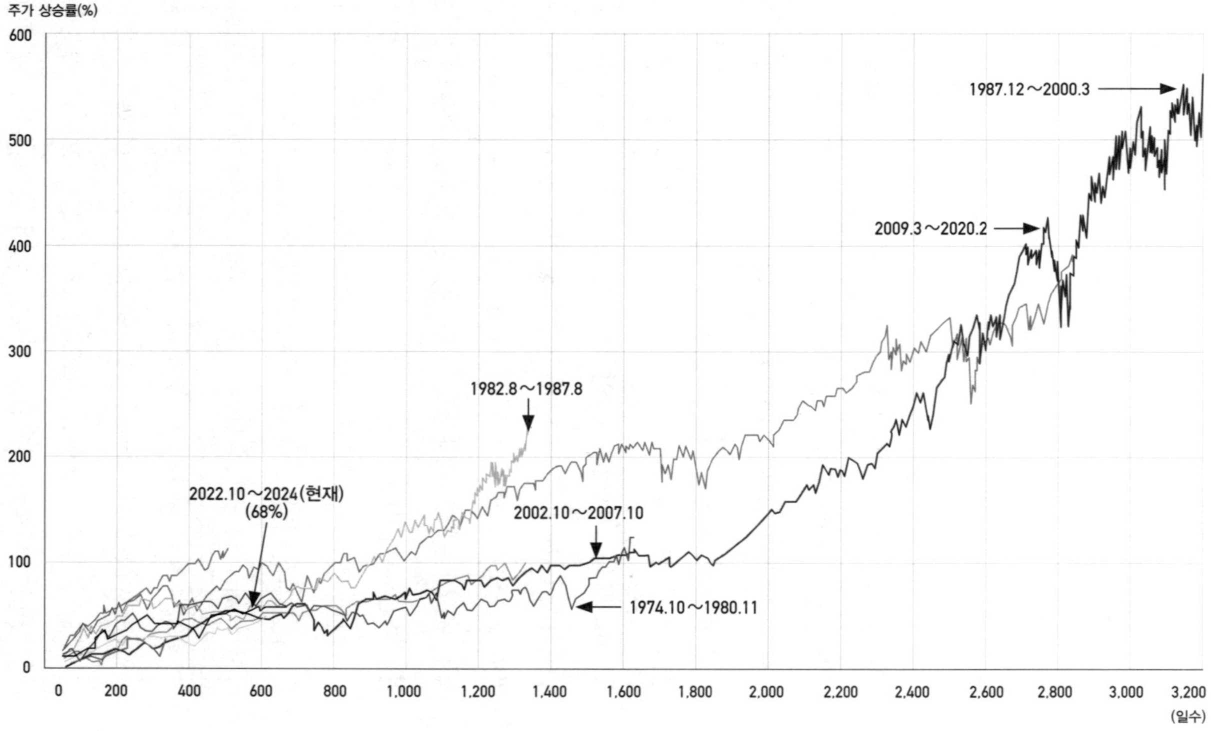
주가 상승률(%)
600
500
400
300
200
100
0
0
200
400
600
800
1,000
1,200
1,400
1,600
1,800
2,000
2,200
2,400
2,600
2,800
3,000
3,200
(일수)
1987.12～2000.3
2009.3～2020.2
1982.8～1987.8
2022.10～2024(현재)
(68%)
2002.10～2007.10
1974.10～1980.11

떨어뜨린다. 하지만 물가가 잡히고 경제가 안정을 찾는 신호만으로도 주가는 빠르게 반등한다. 2022년 가공할 만한 인플레이션 시기에 물가 상승률이 고점을 찍고 내려오는 시늉만으로 주가가 바닥을 탈출한 것이 그 예다. (S&P500 지수가 3,500을 저점으로 반등한 2022년 10월의 미국의 소비자 물가는 그해 최고 9.1%에서 고작 7.8%로 낮아진 시점이었다.)

금리 때문에 떨어졌던 주가는 주변 재화와 서비스 가격을 뒤쫓아 오르는데 이때 주가 회복을 선도하는 우량 기업의 경우는 명목 매출액이 증가하고 원가 상승을 소비자에게 전가해 적절한 이윤을 챙긴다. 앞으로 나라마다 조금씩 상황은 다르겠지만 세계 경제 성장률은 조금 낮아지더라도 물가는 과거 평균보다 조금 높아져 결국 명목 경제 성장률이 유지될 것으로 보인다. 주식 시장에 나쁘지 않은 경제 환경이다.

반대로 물가가 계속 낮아지고 경제 성장률이 저조한 디플레이션 국면에서도 우량 기업들은 호황기 때 쌓아놓은 현금이 많아 재무적 위험에서 비교적 자유롭다. 이들은 불경기를 활용해 값이 떨어진 기업을 인수·합병하거나 새로운 성장 동력에 자본을 투자해 미래의 성장을 도모하고 경쟁 기업의 부진을 틈타 오히려 시장 점유율을 늘려가는 경우가 많다. 또한 기술력이 뛰어난 기업들은 거시 환경에 영향을 적게 받고 이윤을 방어하는 속성이 있다.

따라서 주식은 긴 호흡에서 가능한 긍정적인 마인드로 접근하는 게 좋다. 단 여기서 반드시 주의해야 할 점이 있다. 모든 경제 상황에서, 될 만한 주식은 결국 잘되고 핵심 경쟁력이 약한 기업은 어느 상황에서나 고전한다는 것이다. 즉 경제 환경보다는 기업의 품질에 집중하는 게 정답이라고 생각한다.

만약 앞으로 초저금리 시대가 종식되고 중금리 시대가 도래한다면 모험적인 기업들은 더욱 주목받을 것이다. 경제학자 윌리엄 화이트는 초저금리는 자본을 덜 생산적이고 과도한 위험을 감수하도록 유도하기 때문에 모험적인 기업 투자를 방해한다고 주장했다. 초저금리 정책은 민간에는 더 많은 부채를 끌어 쓰도록 유혹하고 정부에는 더 과감한 재정 지출을 허용함으로써 경제 주체들을 비효율과 빚더미의 함정으로 몰아넣는다. 따라서 혁신 기업이 많이 상장되어 있는 주식 시장은 인플레이션 환경이 디플레이션 환경보다 더 유리하다.

보통 똑똑한 기업은 저금리 기간에 자본 효율을 높이고 디플레이션 기간에 성장 잠재력을 보완하는 데 힘쓴다. 반대로 저금리에만 의존해 겨우겨우 굴러가는 기업은 경기 침체기 때 무너져 진짜 경쟁력 있는 기업의 먹잇감이 되기 쉽고 인플레이션 시대에는 고금리를 버티지 못하고 사라진다.

그렇다면 단기적으로도 주식 시장은 효율적일까? 초단기로 보면 증시는 확실히 비효율적이다. 사람들은 짧은 기간의 비효율적인 시장을 보고 투자(주식 가치를 쫓는 매매)가 아니라 투기(주가 자체를 쫓는 매매)를 즐긴다. 투자회사 템플턴그로스사의 설립자이자 월가의 살아 있는 전설로 불리는 존 템플턴은 "주식, 투기하지 말고 투자를 하세요!"라고 조언한다.

## 81. S&P500 PER와 수익률(주식을 비쌀 때 사지 말아야 하는 이유)

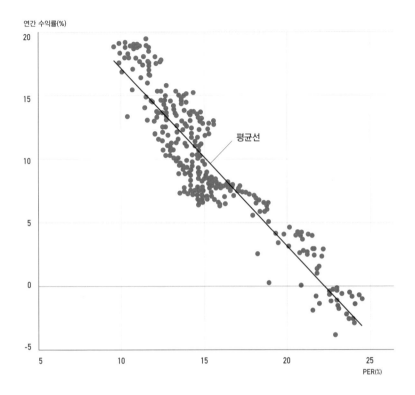

요컨대 어떤 짧은 구간을 임의로 잘라서 보면 주식 시장은 매우 즉흥적이며 원칙도 없고 과학적이지도 않은 완전 엉망진창인 시장 같다. 그러니 어떤 사람들은 주식 시장이 '동전 던지기' 게임과 크게 다를 바 없는 투기판이라고 말한다.

투자의 아버지 벤저민 그레이엄은 "증시는 단기로는 투표 기계Voting Machine지만 장기로는 저울Weighting Machine이다."라고 말했다. 게다가 증시에는 야성이 있어 어떤 때는 괴력의 높이뛰기 선수였다가 또 어떤 때는 스릴을 즐기는 스카이다이버 같다. 주가는 고삐 풀린 망아지와 같은 유전자를 갖고 있다.

주가의 단기 변동성이 높은 이유는 경제 내외적인 여러 요인들이 끊임없이 매일매일의 주가에 영향을 줄 뿐만 아니라 낙관과 비관, 공포와 탐욕과 같은 대중의 심리 요인이 실시간으로 반영되기 때문이다. 투자의 전설 앙드레 코스톨라니가 말했듯이 주가와 펀더멘털은 목줄 없이 산책하는 강아지(주가)와 주인(펀더멘털)과 같은 관계다.

이처럼 주식 시장은 단기로 종종 엉망이기에 이 비효율의 구간에서 주식을 너무 비싸게 매입하거나 너무 싸게 파는 일이 없도록 각별히 마음을 잘 다스려야 한다. 단기 과열 국면이나 단기 급랭 국면에서 FOMO Fear Of Missing Out(뇌동 매매)를 자제함으로써 시장의 희생양이 되지 않도록 조심해야 한다.

주식은 반드시 기업 이익, 즉 펀더멘털에 비해 지나치게 비싸지면 투자 수익률이 떨어지거나 마이너스 수익률로 반락한다. 반대로 주식은 값이 싸지면 그때부터는 반드시 높은 수익률을 제공한다.

따라서 투자자들이 반드시 명심해야 할 것은 전체 시장이든 종목이든 할 수만 있다면 현재 주가 수준의 높낮이를 평가할 줄 알아야 한다. 시장 및 종목의 현재 PER가 최근 5년 또는 10년 평균 PER 수준에 비해 얼마나 높거나 낮은지를 보는 것이 가장 간편한 평가 방법이다. 하지만 보통의 투자자들이 주식의 과열

여부를 정확히 알기란 쉽지 않다. 그래서 위대한 구루들은 한결같이 "주변 사람들이 주식에 얼마나 열광하고 있는지, 반대로 얼마나 침통해하고 있는지를 보라."고 조언한다. 인간 지표가 가장 정확하다는 것이다.

우리는 주식 시장의 변곡점을 정확히 맞출 수 있는 사람들이 아니다. 그 때문에 극단적인 자산 배분보다는 사전에 정한 배분 비율을 지키며 단기로는 이를 미세조정하거나 리밸런싱(주가가 오르거나 빠짐으로 인해 원래의 자산 배분 비율이 변하는 만큼만 재조정)하는 것이 좋은 대안이라고 생각한다.

# 금리 인상기는 긍정 마인드, 금리 인하기는 위험 관리 마인드

보통 중앙은행의 금리 인상과 시장 금리 상승은 주식을 포함한 대부분의 위험 자산 시장에서 악재로 인식된다. 반면 금리가 안정되어야 채권 대비 주식의 상대적 매력이 높아지고 차입 금리 부담 또한 낮아지는 데다 시중 유동성이 풍부해져 주식 시장에 유리한 환경이 조성될 수 있다고들 말한다.

2023년부터 몇몇 국가에서 시작된 금리 인하 행보는 2024년에 들어와 여러 선진국을 중심으로 본격화되고 있다.[15] 세간의 가장 큰 관심을 받고 있는 미국 연준의 금리 인하도 2024년 9월부터 시작되었다. 앞으로 좀 더 이어질 여러 중앙은행들의 금리 인하 행보는 곧 경기를 돕고 증시에도 힘을 실어줄 것이라는 기대가 크다.

실제로 연준의 금리 인하를 앞두고 2023년부터 2024년까지 주식 시장은 금리 인하에 긍정적인 지표(경기 둔화, 물가 안정)가

나오면 주가가 오르고, 반대로 강한 경기 지표가 나올 때면 힘을 잃는 등 향후 통화 정책 전망에 따라 증시가 (경기에 대해) 청개구리처럼 거꾸로 반응해왔다. 하지만 조금 더 긴 추세로 봤을 때 이러한 주장은 설득력이 약하다. 우리는 과거에 통화 정책이 경제와 증시에 어떤 영향을 미쳐왔는지, 즉 금리 인하기나 금리 인상기에 어떤 일이 일어났는지를 면밀히 살펴볼 필요가 있다.

첫째는 경기와 주가는 금리 인하기가 아니라 금리 인상기에 오히려 좋았다는 사실을 직시해야 한다.

경기가 강세를 보일수록 인플레이션도 집요했고 금리 인상 기간도 길었다. 대표적으로 근래 코로나 시국 이후 2024년까지의 상황이 그랬다. 고용과 소비가 좋으니 물가가 잘 안 잡히고 중앙은행은 금리를 계속 올리거나 높은 금리를 유지하면서 금리 인하 시기를 계속 미룰 수밖에 없었다.

경제 활동을 제약하는 높은 기준 금리에도 불구하고, 경기 확장과 기업 실적 호조는 증시를 춤추게 한다. 장기 주가를 결정하는 것은 결국 기업의 실적이다. 또 금리 인상을 시차를 두고 반영하는 실물 경기는 일반의 예상보다 좀 더 늦게 꺾인다. 중앙은행의 금리 인상이라는 부담을 물리칠 펀더멘털 재료 여부가 중요하다.

보통 이때 주가와 각종 원자재, 집값 등 위험 자산 가격이 모두 오르는 총체적 랠리Everything Rally가 연출된다. 1998~1999년, 2004~2005년, 2016~2019년, 2022~2024년 구간이 바로 금리 인상기의 이러한 자산 랠리 국면이다.

# 82. 통화 정책과 주가 및 기업 이익

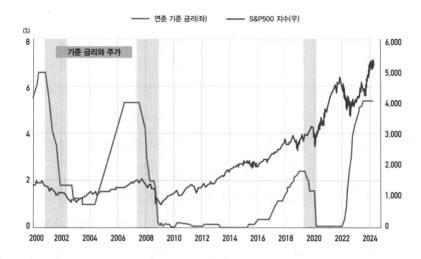

기준 금리와 주가

연준 기준 금리(좌) — S&P500 지수(우)

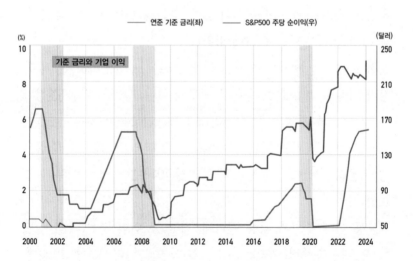

기준 금리와 기업 이익

연준 기준 금리(좌) — S&P500 주당 순이익(우)

둘째는, 반대로 금리 인하 기간에 벌어지는 일들에 주의해야 한다.

통상 금리 인하 기간에는 경기와 기업 실적, 주가가 모두 약한 경우가 많았다. 기준 금리 인하와 시장 금리의 하락에도 불구하고, 실물 경기와 기업 실적이 약하다 보니 주가가 활력을 잃는 것이다. 통상 앞선 금리 상승 기간, 즉 경기 확장 기간에 주가가 많이 올라 밸류에이션이 비싸져 있기 때문에 금리 인하기에는 작은 악재에도 주가가 흔들리기 쉽다.

특히 주목할 점은 금리 인하기(경기 둔화 국면)에는 기업의 현금 흐름이 위축되고 고용이 둔화되고 가계의 지갑도 얇아져 부도율과 대출 연체율이 올라간다는 사실이다. 실제로 중앙은행들이 금리를 내리는 기간에는 기대와는 달리 돈의 흐름이 막히는 신용 경색이 자주 찾아오곤 했다. 경기 호황기에 무분별하게 늘어난 부채가 경제 주체들의 신용도를 떨어뜨리고 이에 따라 경기와 증시도 더 어려워지는 악순환이 있었음을 기억해야 한다.

이래저래 중앙은행이 금리를 두어 차례 내리는 동안에는 유동성 기대감으로 강세장이 유지되다가 본격적으로 금리를 더 인하하는 경기 침체 구간에서는 주식 시장이 완연한 약세장에 진입하는 게 그간 일반적인 패턴이었다. 중앙은행이 금리를 더 적극적으로 인하하는 분위기라면 그것을 반길 것이 아니라 증시에서 빠져나올 궁리를 해야 한다.

통상 통화 정책만으로 경기 사이클 자체를 완전히 바꾸기는 쉽지 않다. 만약 그게 완벽히 가능했더라면 이제까지 역사적으로 중앙은행의 통화 정책에 힘입어 경기 침체라는 것은 아예 나타나지도 않았을 것이다. 중앙은행이 금리를 열심히 내려도 시중의 장기 이자율(예를 들면 미국 국채 10년물이나 한국 국고채 5년물, 10년물 금리)이 단기 기준 금리와 똑같이 하락하는 경우보다는 단기 금리만 내려가고 장기 금리는 그대로 있거나 적게 떨어지는 경우가 훨씬 더 많았다.

그러니 경기 침체는 정작 중앙은행이 금리를 내림으로써 단기 금리가 장기 금리보다 더 가파르게 빠지는 국면(즉 장기 금리가 단기 금리보다 높아져 장단기 금리차가 플러스로 반전되는 수익률 정상화 국면)에서 발생했다. 기준 금리 인하에도 불구하고 장기 금리가 그다지 많이 내려가지 않는 데다 총수요가 위축되면 신용도에 따라붙는 가산 금리가 오르기 때문에 금융 완화(금리 인하) 정책이 부채 상환에 100% 도움을 주지는 못하고 소비와 투자를 완벽히 돕지도 못한다.

다음 그림은 뉴욕 연방은행의 경기 침체 예측을 뒷받침하는 장단기 금리 차를 나타낸다. 1960년 이후 약 60여 년간 예외 없이 장단기 금리 차가 플러스로 돌아설 때 경기 침체가 찾아왔다. 기준 금리가 내려가고 장기 금리가 튀는 것은 결코 반가운 현상이 아니다. 그래도 다행인 점은 2025~2026년의 경기 침체는 짧고 가벼울 수 있다. 기업의 펀더멘털이 양호해 단지 주가 과열로 오는 일시적 경기 침체일 가능성이 높아 보이기 때문이다.

앞에서도 상세히 다뤘지만, 2025~2026년은 장기 금리 상승 가능성이 높은 기간이다. 금리 인하에도 불구하고 장기 금리가

## 83. 미국 국채 10년물과 3개월물 금리 차이

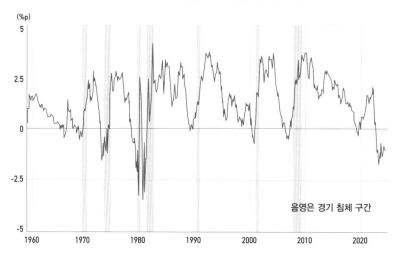

음영은 경기 침체 구간

함께 떨어지기는커녕 오히려 올라갈 가능성이 높다. 이는 단기 금리와 장기 금리 사이에 구조적 요인들이 존재하기 때문이다. 코로나19 때 폭증한 바 있고 바이든 정부 때 한 차례 더 증가한 국가 부채와 재정 적자, 그리고 미국의 높은 성장률이 그 이유다. 여기에 트럼프 2기 정부의 각종 인플레이션 촉진 요인(관세율 인상, 재정 적자 확대, 불법 이민자 강제 추방)도 장기 금리 상승을 부추길 요인이다.

# 경기의
## 큰 흐름을 읽고
# 투자하자

　자산 시장을 둘러싼 여러 환경 가운데 아마도 '경기'보다 더 중요한 것은 없을 것이다. 사실 기업 실적을 지배하는 거시 경제 환경이나 시장 주도주, 숨은 투자 기회는 물론이고 잠재된 위험에 대한 힌트 모두 경제의 창을 통해 엿볼 수 있기 때문이다.

　만약 1년 후 펼쳐질 경기가 지금 우리의 예상보다 형편없이 추락하거나 반대로 놀랍도록 좋아진다면 지금 대략 어떤 것을 사고 팔지를 알 수 있을 것이다. 경기와 기업 실적이 개선되는 추세라면 투자자들은 경기 수혜 업종이나 성장주, 금융주, 원유 같은 원자재, 또는 관련 주식은 적극 매수하고 채권 매입은 되도록 미루는 게 좋을 것이다.

　하지만 경제 전망에서 우리는 크고 작은 실수를 저지르는데 그 원인은 다양하다. 신기술의 발전이나 생산성 변화, 투자와 소비의 거대한 물결, 자산 시장의 과열이나 과랭, 과잉 부채나 기업 또는 은행의 대규모 평가손 등 경제의 숨은 요소들은 경제 전문가들을 농락하는 단골 메뉴다. 경제 전망의 오류를 낳는 이보다 더 큰 이유는 과거 경제 데이터에 의존하는 사회과학이 지닌 본질적 한계에 있을 것이다. 그래서 어쩌면 경기를 예측해 주가를 전망하려는 것은 당초 잘못된 목표 설정인지도 모른다.

경제를 실전 투자에 잘 활용하려면 경기의 큰 순환 흐름을 잘 간파하는 것이 가장 중요하다. 이와 함께 한 걸음 더 나아가 지금 돌아가는 경기의 핵심 특징을 정확하게 이해하는 것이 중요하다. 가령 지금 경기는 어느 나라와 어떤 산업이 주도를 하고 있는지, 그리고 투자와 소비나 자본은 어디에서 어디로 쏠리고 있는지를 아는 것이 중요하다는 것이다.

또한 경제는 가끔씩 구조 자체가 완전히 뒤집어지기도 한다. 1998년 아시아 외환 위기나 2000년 세계 주식 시장의 버블 후유증, 2008년 글로벌 금융 위기 같은 일들은 그 밑에 구조적인 원인들이 잠복해 있었고 그로 인해 경제의 큰 지각 판이 바뀐 사건이다. 경제의 큰 구도 변화를 읽는 데 서툴고 이를 알려고 노력하지 않으면 큰 기회를 놓치거나 큰 위기에 무방비로 노출될 수밖에 없다. 구조 변화를 잘 읽으려면 크게 보고 멀리 봐야 한다. 독서는 지각地殼 변동을 감지하는 우리의 지각知覺을 깨우는 데 큰 도움이 된다.

그 밖에 작은 경기 변동과 그에 대한 대응은 객관적인 지표와 주가를 연결하는 습관으로 극복해갈 수 있다. 주가가 경기에 앞서 간다는 것을 인정한다면 우리는 경기와 주가를 연결할 때, 단

정보다는 '주가의 반응'을 중시하는 태도를 가져야 한다. 즉 어떤 경제 지표에 주가가 어떻게 반응하는지를 관찰하는 습관이 중요하다. 경제를 항상 정확하게 예측하면 좋겠지만 이는 쉬운 일이 아니고 주가가 경제 흐름을 어느 정도 미리 반영하고 있기 때문이다.

가령 미국 GDP에서 서비스업의 비율은 77% 정도이니 서비스업 경기가 주가를 더 잘 설명하는 것은 당연하다. 실제로 주가 상승률과 서비스업(비제조업) 경기는 높은 상관관계를 보인다. 현재 미국의 서비스업 구매 관리자 지수PMI: Purchasing Manager Index는 추세적으로 낮아지고 있어 경기 흐름상 주식 시장이 머지않아 약세 국면에 들어갈 수 있음을 예고하고 있다.

하지만 이렇게 단정하고 끝낼 일이 아니라는 것이다. 만약 주가가 서비스업 PMI의 하락을 무시하고 별로 반응하지 않는다면 증시가 아직 이 경제 지표의 부진을 소화할 힘을 가지고 있음을 시사하는 것일 수 있다. 특히 아직 기준선(50) 부근에 있기 때문에 그렇다. 그 반대도 마찬가지다. 주가는 우리에게 항상 말을 하고 있다. 경제 지표와 주가의 반응을 통해 우리는 증시의 속삭임을 들으려 해야 한다. 일례로 대세 상승이 시작한 2022년 10월 이후에도 금리 인상과 물가 상승이라는 악재에 대해 주가가 계속 긍정적인 반응을 보인 점을 주목했더라면 강세장 전환을 놓치지 않았을 것이다.

돌아보면 우리는 경제를 전망하고 이를 주가에 접목할 때 수없이 많은 오류를 범한다. 미국 경제는 2023년에 실제로 2.5%

## 84. 경기에 정직한 주식 시장

S&P500 지수의 연간 변동률     서비스업 PMI 지수

PMI 지수가
50 이상이면 경기 호황,
50 미만이면 경기 부진

성장했는데 IMF가 2022년 10월에 전망했던 2023년 미국 경제 성장률은 1.0%에 불과했고 연방준비제도이사회FRB가 2022년 12월에 전망했던 이듬해 성장률은 0.5%(중간값)에 불과했다. 2022년 한 해 동안 연준이 금리를 4.25%p(425bp)나 올렸기 때문이다.

왜 이런 오류가 생겼을까? 코로나19로 통화와 재정이 폭증해 경기를 자극했고, 정부 보조금으로 가계 저축이 늘었으며, 팬데믹이 물러가면서 경제 활동이 재개됐고, 코로나19로 고용 시장이 엄청난 공급 부족을 겪었기 때문이다. 사람들은 금리 인상은 곧 경기 침체라는 단순 공식에만 집착했고 더 큰 경제 환경의 변화는 읽지 못한 것이다. 금리 인상으로 미리 폭락한 주가는 연준이 금리를 한창 가파르게 올려 사람들이 금리 공포에 떨고 있던 2022년 10월에 바닥을 찍고 무섭게 오르기 시작했다. 결국 이번에도 주가는 경기 회복을 앞서갔다.

이러한 여러 가지 현실적인 어려움에도 불구하고 그나마 우리가 경제 전망을 실전 투자에 활용하기 위한 가장 현실적인 방법 중 하나는 증시의 '사계절'을 판단하는 것이다. 즉 지금 증시가 대충 어떤 계절에 머물고 있고, 또 어떤 계절로 바뀌는 중인지를 상상해보는 것이다.

반드시 기억해야 할 것은 경제나 증시나 단지 오늘내일의 단발성 지표가 아니라 추세를 봐야 한다는 것이다. 증시의 사계절은 우라가미 구니오의 《주식 시장 흐름 읽는 법》이란 책에 상세히 나와 있는데 그의 이론을 필자의 방식으로 응용해서 설명해보면 다음 몇 가지로 정리된다.

첫째, 증시에는 네 가지 국면이 존재하는데 각 국면은 경기와 시중 이자율의 조합에 따라 결정된다.

봄은 경기 회복 초기 상황으로 금리가 여전히 낮은 국면이다. 이때는 질이 좋은 우량 경기 민감주를 사고, 조금 이르긴 해도 원자재를 공략하기에 적기다. 이어서 여름은 경기 확장에 금리 또한 많이 오르는 국면으로 좋은 기업 실적을 재료로 멀티플PER이 최대로 팽창하는 초강세장이다. 그다음은 약세장의 시작인 가을로 경기가 아주 나쁘지는 않지만 경기 판단이 가장 헷갈리는 시기인데 주가는 높은 밸류에이션에 시달리면서 점점 높아지는 시중 이자율이 주가의 발목을 잡는 기간이다. 마지막으로 겨울은 완연한 경기 수축 국면으로 금리가 하락하지만 기업 실적이 너무 나쁜 나머지 주가가 약세를 면치 못하는 구간이다.

봄과 여름은 강세장이고 가을과 겨울은 약세장에 해당한다. 주식은 겨울의 끝 무렵이나 봄에 사서 여름 끝물이나 가을 초입에 파는 게 가장 이상적이다.

둘째, 이 사계절을 파악할 때 가장 중요한 것은 경기인데, 엄밀히 말하면 그냥 경기의 좋고 나쁨이 아니라 '경기의 모멘텀'(탄력, 미세한 변화)을 봐야 한다.

가령 봄에는 직전 단계인 겨울을 지나오면서 주가가 매우 저렴해졌기 때문에 경기가 더 이상 나빠지지 않는지 여부가 중요하다. 여름에서 가을로 넘어가고 있는지 판단하는 것 역시 경기가 더 이상 좋아지지 않는지, 아니면 경기의 모멘텀이 계속 더 좋아지고 있는지에 초점을 둬야 한다. 왜냐하면 여름에 주가가 많이 올라 실물 경기와 기업 실적이 더는 좋아지지 않는다면 주가가 높은 밸류에이션을 계속 유지하기가 어렵기 때문이다.

그런데 아무리 뚫어지게 관찰한다고 해도 수많은 경제 지표 중에서 무엇을 볼지도 문제이고 특히 간절기에는 경기 지표가 매우 불규칙하고 일관성도 없기 때문에 경기 모멘텀을 정확히 판단하는 것이 생각만큼 쉽지는 않다.

셋째, 그래서 안전 자산인 장기 국채 이자율과 주가 밸류에이션을 함께 보면 편하다.

봄에는 주가가 싸지만 금리도 싸기 때문에(채권 가격이 높음) 안전 자산인 채권보다 위험 자산인 주식의 경쟁력이 가장 높은 국면에 해당한다. 반면에 가을은 주가는 비싼 데 반해 경쟁 자산인 금리는 높아져 있어(채권 가격이 낮아져 있으므로) 안전 자산 대비 주식의 경쟁력이 가장 취약한 국면이다. 여름은 안전 자산 대비 주식의 매력이 크지는 않지만 미래의 기업 이익 전망이 강세장을 좀 더 붙들어줄 수 있는 국면이고, 반대로 겨울은 국채 금리 대비 주식의 단순 매력은 크지만 어두운 기업 이익 전망과 불안한 경기 전망 때문에 좀처럼 약세장을 벗어나기가 어려운 국면이다.

넷째, 실제 증시에서 이 사계절은 실제 기후처럼 규칙적이지도 않고 기간이 일정하지도 않으며 교과서처럼 정직하게 움직이지도 않는다.

때로는 봄에서 가을로 건너뛰는가 하면, 가을과 겨울이 요상하게 뒤섞여 나타나기도 하고, 겨울을 거치는 둥 마는 둥하다가 느닷없이 봄이 찾아오기도 한다. 또 여름(경기 확장과 금리 상승) 강세가 끝날 듯하다가도 끝나지 않고 수년간 더 지속되는 경우도 왕왕 있다. 2000년이나 2008년의 경우처럼 갑작스러운 버블 붕괴나 2020년 코로나19와 같은 돌발적 사건은 가을을 건너뛰고 증시를 여름에서 겨울로 순간 이동시킨다. 하지만 이런 비상 상황의 경우는 가파른 경기 침체, 자산 시장 붕괴, 금리 인하(채권 가격 상승), 경기 부양이라고 하는 네 박자가 겹쳐 짧은 겨울을 겪은 뒤, 봄은 그냥 건너뛰고 바로 여름(강세장)으로 직행한다.

다섯째, 증시의 사계절 구분과 판단은 주식뿐 아니라 다른 자

## 85. 주식 시장의 사계절 순환

| 구분 | 경기 | 금리 | 유망 자산 |
|------|------|------|-----------|
| 봄 | • 경기가 더 이상 나빠지지 않음<br>• 조금씩 경기 회복 | • 평균보다 낮으나 더 이상 내려가지 않고 소폭 반등 | • 주식, 저등급 채권, 원자재<br>• 신흥국 통화 및 자산 |
| 여름 | • 뚜렷한 경기 호황<br>• 기업 이익 개선 지속 | • 기준 금리 인상<br>• 장기채 이자율 상승 | • 주식, 성장주(증시 과열기) |
| 가을 | • 경기가 더 이상 좋아지지 않음<br>• 조금씩 경기 둔화 | • 평균보다 높으나 더 이상 올라가지 않고 소폭 하락 | • 달러 자산, 금, 리츠<br>• 우량 국채 |
| 겨울 | • 뚜렷한 경기 침체<br>• 기업 이익 둔화 지속 | • 기준 금리 인하<br>• 장기채 이자율 하락 | • 주식은 방어주, 가치주 제한<br>• 우량 국채 |

산 전략에도 도움을 준다.

우량 장기 국채 비율을 늘리는 적기는 당연히 주식과 반대로 늦여름부터 초가을 사이가 될 것이고, 장기 국채 비율을 줄여야 하는 시기는 금리가 많이 떨어진 겨울 중간부터 늦어도 이른 봄 사이가 되어야 한다.

봄에서 초여름까지의 경기 회복기에는 원유나 구리 등 경기 민감 원자재와 낮은 등급의 회사채, 신흥국 주식 및 통화를 공략해봄 직하다. 반대로 경기 둔화가 시작되는 가을부터 경기 침체기인 초겨울까지는 안전한 달러, 금, 은, 우량 리츠, 배당주 등이 유리하다.

여섯째, 주가나 금리, 달러 등 시장에서 거래되는 자산들 그 자체에는 사계절을 엿볼 수 있는 힌트가 숨어 있다.

경기가 좋지 않은데도 주가가 '나쁜 경제 지표'에는 별로 반응을 보이지 않고, '미미하지만 약간의 경제 지표 호전'에도 즉각적으로 반색을 표한다면 겨울이 끝나가고 봄이 오고 있다는 증거다. 반대로 경기가 아직 좋은데도 주가가 '좋은 경제 지표'에는 시큰둥하고 '약간의 나쁜 경제 지표'에는 과민 반응을 보인다면 이는 곧 가을과 겨울(경기 침체와 주가 약세장)이 코앞에 와 있다는 신호다.

중앙은행의 금리 인하에도 불구하고 장기 금리가 잘 떨어지지 않는다면 경기가 아직 살아 있는 여름일 가능성이 크다. (물론 인플레이션이 구조적으로 높은 상황이거나 채권 공급이 많은 경우도 장기 금리가 잘 떨어지지 않으므로 주의 깊게 잘 따져봐야 한다.) 또한 아무리 둘러봐도 경제에 좋은 구석이라고는 하나도 없는데 장기 금리가 더 이상 떨어지지 않고 달러도 강세에서 약세로 조금씩 기울고 있다면 이는 겨울이 끝나가고 있다는 중요한 신호다.

이처럼 시장에서 거래되는 모든 자산 가격은 집단 지성에 의해 움직이기 때문에 그 자체가 유용한 정보를 함축하고 있어 이를 참고해 활용해야 한다.

# 유동성
## 환경 변화에
## 더 주목하자

　주식 시장을 예측하는 데 경기와 금융 요인(유동성, 금리) 중 무엇이 더 중요한지에 대한 논란은 항상 있어왔다. 결론부터 말하면 둘 다 중요하고 증시 상황마다 중요도가 다르다. 경기와 유동성은 동전의 앞뒷면과 같지만, 현실적으로 경기보다는 손에 집히는 유동성 변화를 통해 증시를 판단하고 전망하는 게 좀 더 수월한 것 같다.

　경기가 좋으면 물가가 올라 중앙은행이 금리를 올리고 시장 금리도 함께 오르니 결국 경제 전체의 유동성 환경(금융 컨디션)이 나빠지게 되어 있다. 반대로 경기가 나빠지면(디플레이션) 물가가 내려가고 경기 부양을 위해 중앙은행이 금리를 내리거나 정부가 재정 지출을 늘리니 유동성 환경은 점차 좋아질 것이다.

　이처럼 실물 경기와 금리(유동성 환경)는 숨바꼭질하듯 서로 물고 물리며 굴러간다. 이런 과정에서 주가는 경기와 유동성 사이에서 요리조리 변동한다. 보통의 투자자들은 이를 뒤에서 쫓아가기에 바쁘다. 그러니 실속이 없다.

즉 경기가 너무 좋을 때(유동성 환경이 나빠지기 시작할 때) 주식을 비싼 가격에 과잉 매수하고, 중앙은행이 금리를 내릴 때 유동성 환경이 개선될 것으로 기대하고 너무 일찍 주식을 사서 고생하기도 한다. 또한 경기가 최악일 때 너무 지친 나머지 초저금리 상황에서 우량 주식을 생바닥에서 비우고 증시를 떠나기도 한다. (이때가 본격적으로 주식을 늘려야 할 시기이고 현명한 투자자들은 그 길목을 지켜 한 템포 먼저 남들이 버린 주식을 주워 담는다.)

이처럼 경기와 유동성은 서로 맞물려 있다. 따라서 경기를 보려면 유동성(금리)을 잘 봐야 하고 유동성 환경의 개선(악화) 여부를 잘 알려면 경기 흐름을 참고해야 한다.

다만 이 게임에서 투자자들은 유동성 지표를 통해 간접적으로 경기를 판단하고 주식 매매 타이밍을 잡아가는 쪽이 그나마 편하고 승률도 높다고 본다. 왜냐하면 경기는 유동성보다 더 추상적인 지표도 많고 그 움직임도 제각각이어서 투자자가 경기 추세를 한발 앞서 읽고 행동하기가 쉽지 않기 때문이다. 반면에 유동성은 금리(이자율)라는 명확한 시장 지표가 존재하고, 중앙은행이 공식적인 금리 결정을 통해 시중 유동성 컨디션과 경기 상황을 간접적으로 알려주기 때문이다.

보통은 시중 금리(장기 국채 유통 수익률)가 추세적으로 꾸준히 오르는 것만 봐도 경기와 기업 실적이 개선되고 있음을 간파할 수 있다. 만약 반대로 금리가 내려가는 추세라면 이는 경기 둔화

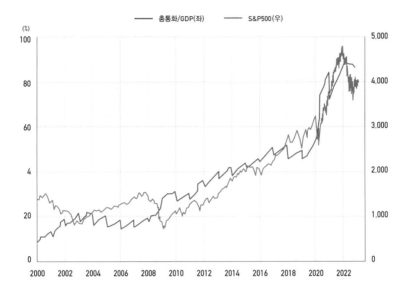

**86. 미국 주가 지수와 총통화M₂ 비율**

——— 총통화/GDP(좌)   ——— S&P500(우)

(%)

를 반영하는 것이므로 위험 자산 비율을 낮추고 위험 관리를 시
작할 필요가 있다.

　또한 시중 유동성이 풍부하고 경기 역시 좋은 국면에서는 암
묵적으로 더 높은 주가 밸류에이션이 용인되고 그 막바지 국면
에서는 시장 참여자 모두가 놀랍도록 용감무쌍해진다. 반대로
유동성에 문제가 있고 실물 경기도 더 이상 좋아지지 않는다면
주가 밸류에이션은 점점 낮아지고(PER 하락) 더 엄격한 기업 실
적의 잣대를 들이대면서 사람들이 하나둘 증시를 떠난다. 이때
는 적극적으로 주식을 사는 쪽으로 생각을 전환해야 한다.

'유동성'은 앞으로도 증시에 바람을 계속 불어넣어 줄 것이다. 물론 과잉 유동성으로 물가와 금리가 깃털처럼 가볍게 오른다면 그것은 증시에 단기로는 부정적이겠지만 돈의 힘은 결국 다른 어떤 것보다도 증시에 위력적이다. 2007년부터 2022년까지 늘어난 연준의 보유 자산과 미국 총통화의 50%와 42%가 코로나 시국에 증가했고 아직 그 규모가 건재한 것을 보면 자산 시장에서 돈의 위력은 여전히 살아 있다고 봐야 한다.

이처럼 전 세계를 떠도는 뭉칫돈은 어떤 형태로든 자산 시장 주변을 맴돌면서 언제든 주가 상승의 촉매와 땔감으로 사용될 것이다. 우리는 앞으로도 '돈의 힘'을 믿고 의지해야 한다.

# 경제 상황을 살짝 무시하는 것도 좋은 투자 방법이다

"전망과 추세 분석보다는 가치에 초점을 맞춰라."(벤저민 그레이엄)

"저와 찰리는 사업 분석가입니다. 우리는 시장 분석가도, 거시경제 분석가도 아닙니다."(워런 버핏)

"주식이 아니라 회사에 집중하라. 모든 주식에는 회사가 붙어있다."(피터 린치)

대가들의 이와 같은 조언의 요체는 "거시 환경의 변화와 같은 너무 큰 것에 집착하지 말고 기업의 구체적인 가치 변화에 더 집중하라!"인 것 같다.

주식 격언에 "경제와 주식은 다르다."는 말이 있다. 모두가 온갖 합리적인 방법을 총동원해서 시장을 예측하고 타이밍을 맞춰 투자하려고 하지만 실제로는 정말 어려운 일이다. 경제 상황

## 87. 향후 경제 전망을 어렵게 만드는 요인

| 구분 | 세부 요인 | 내용 |
|---|---|---|
| 경기 요인 | 기술 혁신 중심 경기 순환 | 기술 혁신 속도 빠름, 전통 경기 순환 지표 영향력 저하 |
| | 기업의 경제 비중 증대 | 기업 경쟁력과 마진율 변화가 경기를 결정하는 성향 |
| | 국가별 경기 차별화 | 혁신 성장 등 경기 역량 차이, 정책 수단 차이 |
| 금융적 요인 | 과잉 유동성 상존 | 과잉 유동성이 경기를 지배, 자산 시장이 경기 리드 |
| | 과잉 부채의 경기 영향력 | 누적 부채의 위험 표출, 신용 위험에 따른 경기 변동 |
| 정책적 요인 | 통화 정책 영향 | 중앙은행의 지나친 경기 개입, 경기 순환 왜곡 |
| | 재정 정책 영향 | 적자 재정의 일상화, 재정 악순환으로 경기 순환 제동 |
| | 통상 정책 영향 | 자유무역 제한, 세계 교역 위축, 인플레이션 요인 |

을 면밀히 추적 관찰해 시장의 변화를 정확하게 읽어 선제적으로 대응하는 것은 결코 쉽지 않다. 운이 좋으면 한두 번은 그렇게 할 수도 있겠지만 지속적인 전략이 될 수는 없다.

경기 요인과 금융 요인, 정책 요인 모두 앞으로 경기 예측을 더 어렵게 만들 것이고 경기 변동과 기업의 이익 변동 사이의 괴리도 커질 것으로 보인다. 또 주가는 이러한 경제 흐름보다 매우 앞서 불규칙하게 오르내릴 것이다. 정보 전달은 더욱 빨라지고 있으며 엄청난 과잉 유동성이 증시 주변에 항상 대기하고 있고, 그 자본들이 투기적 수단을 통해 역동적으로 증시에 유입되고 또 빠져나갈 것이기 때문이다. 그런 투기적 수단에는 주식 및 외환, 상품 시장의 각종 선물 옵션, 순방향 및 역방향의 레버리지 ETF가 있다.

그러니 최선의 방법은 시장을 구성하고 있는 각 기업의 가치 변화에 보다 집중하는 것이다. 지금 어떤 산업이 성장하고 있고 경제 전체에 미치는 영향력이 커지고 있는지, 그리고 각 산업 안에서 어떤 기업이 진정한 경쟁 우위에 있고 앞으로 돈을 많이 벌 것인지를 예측하는 것Bottom Up Analysis이 막연한 시장 분석Top Down Analysis보다 훨씬 유용하다. 기업이 모여 산업이 되고 산업이 모여 전체 경제를 이루기 때문에 기업을 중심으로 경제를 읽는 방식이 신의 한 수라고 생각한다. 주식 시장이 아니라 '주식의 시장'을 신뢰하는 태도다.

그도 그럴 것이 경제 분석과 유동성 환경을 제대로 잘 파악하기도 어렵지만 이를 설령 잘했다고 해도 어떤 산업과 어떤 종목에 투자할 것인가는 또 별개의 과제이기 때문이다. 실제로 경기가 나쁠 때 주가가 오르는 경우가 많고 경기가 좋을 때 주가가 오르는 경우도 많다. 금리가 빠질 때 주가가 오르기도 하고 금리가 오를 때 주가가 오르기도 하며, 심지어 같은 업종에서도 종목마다 주가 움직임이 다 다른 것이 시장 현실이다.

그래서 투자의 대가 중의 대가도 이런 말을 했나 보다. "앨런 그린스펀(1987~2006년 연준이사회 의장)이 앞으로 2년간 통화 정책을 어떻게 펼칠지 내게 귀띔해주더라도 나는 다르게 행동하지 않을 것이다." 버크셔 해서웨이 회장 워런 버핏이 오래전에 했던 말이다. 이 구루의 큰 뜻을 필자가 정확히 알 수는 없지만 미루어 짐작하건대, 경제나 금융 환경의 변화보다도 성장 산업과 쇠퇴 산업, 또 그 안에 있는 기업 가치의 변화에 집중하는 것이 투자에 훨씬 중요하다는 것을 강조한 게 아닐까 싶다.

워런 버핏의 말대로 시장은 장기적으로는 저울과 같다. 천칭의 한쪽에는 가치를 구성하는 요인들이, 다른 한쪽에는 가격이 달려 있다고 가정하자. 가치를 구성하고 있는 요인들이 무거워지면 가격은 저절로 올라간다.

필자가 자산운용사에서 근무할 때 만난 한 탁월한 펀드 매니저는 어느 날 어떤 종목을 과감하게 사들이기 시작했고 그의 폭풍 같은 매수 주문은 해당 종목의 주가가 더 하락한 며칠간 더 이어졌다. 그 모습을 지켜보다 걱정스러운 마음에 왜 그러는지 물어봤더니 그는 "이미 그 종목에 대한 공부와 조사는 다 끝난 상태에서 주가가 매수 권역에 들어오니 거침 없이 매수 주문을 한 것이고 고맙게도 주가가 떨어져 주니 주식을 더 많이 샀다." 라고 답했다.

기업의 가치를 공부한 투자자는 주가 하락을 반기고, 가치에 대해 소신이 없는 투자자는 주가가 오를수록 그 종목이 더 싸지는 것처럼 여기면서 추격 매수를 감행한다. 물론 주가가 하락할 때 주식을 더 사야 성공하고, 주가가 오를 때 주식을 더 담으면 실패한다는 말은 절대 아니다. 투자의 최종 성과는 투자자가 "가치를 중시하느냐, 가격에만 집착하느냐."에 달려 있음을 강조하려는 것뿐이다.

투자의 하수는 가격(주가 자체)을 쫓아다니지만 투자의 고수는 가치를 쫓는다. 진정한 고수는 가치만 싸다면 평균 매수 단가를 높이는 데 주저하지 않고 신고가 경신을 어색해하지 않는다. 종

목에 대해 자신 있는 투자자는 시장 전체의 변동성과 복잡한 경제 지표나 통화 정책에 크게 휘둘리지 않고 종목의 가치 변화에만 집중한다. 기업의 가치를 결정하는 사업 활동 전망과 이를 뒷받침하는 경쟁 우위, 핵심 기술력 등에 오로지 집중하는 것이다. "가치의 무게가 무거워지면 주가는 당연히 올라갈 수밖에 없다."는 진리에 베팅하는 투자자가 최종 승자가 될 확률이 높다.

그렇다고 오해는 하지 마시라. 경제와 거시 상황에 대한 관심과 공부를 완전히 끊어야만 주식 투자에서 성공할 수 있다는 뜻은 결코 아니다. 주도주 변화나 시장의 중대한 위험, 투자의 큰 기회를 찾는 데 경제 전망은 결정적인 힌트를 제공해준다. 그래서 경제가 지금 우리에게 무엇을 말해주려 하는지 늘 눈과 귀를 열고 있어야 한다.

다만 두루뭉술한 경제 전망과 추세를 읽는 데 별로 도움이 되지도 않는 세부 경제 지표에 일일이 집착하거나 오락가락하는 단기 시황에 휘둘리는 것은 너무 소모적인 투자 방식이다. 만약 당신이 그런 초단기 시장 판단 능력을 갖추고 있다면 그건 신이 내린 축복이니 마음껏 즐기고 투자에 잘 활용해야 한다. 하지만 필자를 포함한 보통 사람은 흉내 낼 수도, 따라 할 수도 없는 전략이다.

경기를 지나치게 비관하거나 맹목적으로 낙관하는 것은 모두 위험하다. 다만 투자자들은 경기의 내면을 두루 살피면서 너무 한쪽으로 치우치지 말고 '균형과 유연성'을 유지할 필요가 있다. 이 책의 곳곳에서 계속 강조했지만 경제는 장기적으로 성장하고 주식 시장은 긴 호흡으로 볼 때 우상향하기 때문이다. 위험은 피할 수만 있다면 피해야 하겠지만 경기와 증시의 모든 변곡점을 일일이 피하려고 애쓰고 위험에 완벽하게 대응하려고 노력하다 보면 위험 자산의 속성인 '고위험 고수익'이라는 주식의 본질에서 자칫 멀어지기 쉬우니 긍정적인 사고가 필요하다는 것이다.

거시 전망은 되도록 중립으로 두되 그 대신 '돈 잘 버는 기업'을 너무 비싸지 않은 가격에 투자하는 데 힘을 쏟아야 한다. 최선의 방법은, 통제할 수 없는 시장의 위험을 종목의 위험을 낮춤으로써 이기자는 것이다. 또한 할 수만 있다면 늘 일정한 현금 비중을 유지하는 것이 시장 판단을 통해 위험을 극복하는 것보

## 89. S&P500 장기 추이(결국 우상향 추세의 주식 시장)

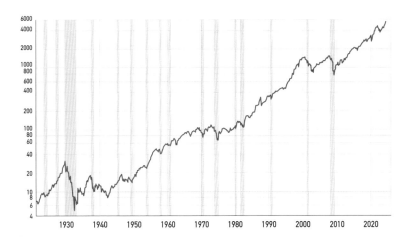

다 오히려 현실적인 위험 관리 방법이 될 수 있다는 것이다. 뒤에서 제안하는 전략적 자산 배분 개념을 통해 자산의 위험 노출도를 본인에게 맞는 수준으로 유지하고, 그 안에서 상대적으로 유망한 주식에 투자함으로써 중장기 수익을 쌓아가는 게 최선인 것 같다.

# 가까운 비상구 위치는
## 늘 파악해두고
# 파티를 즐기자

위험 요인이 주가를 타격하고 심각한 자산 시장의 총체적 붕괴로 이어지는 경우를 우리는 역사를 통해 익히 봐왔다. 하지만 실제로 기습적인 위험의 도래나 버블 붕괴를 예측해서 피하기란 생각만큼 쉽지 않다.

버블이 붕괴되기 직전일수록 사람들의 낙관적 확신(가격이 더 올라갈 것이라는 확신)은 거의 미신에 가까울 정도로 강해지고 다른 의심을 갖지 못하도록 주변은 온통 흥분의 도가니로 바뀌고 신기하게도 모두가 이성적 판단 능력을 잃기 때문이다.

실제로 버블 붕괴 때 화를 면한 사람은 보통 일찌감치 과열된 랠리에서 빠져나와 광란의 축제를 속 쓰리게 구경했던 사람일 공산이 크다. 자산 시장의 버블을 깊이 연구한 HS덴트투자자문 대표인 헤리 덴트의 말대로 "버블은 애초에 인간이 대응할 수 없는 대상"인지도 모른다.[16]

버블은 일단 시세의 과열에서 출발한다. '과열 국면'이란 어떤 자산 가격이 너무 많이 올라 그 가격의 정당성을 부여하기 어려운 단계를 말한다. 물론 추상적인 정의다. 여기서 공정 가격에 비해 너무 비싸 밸류에이션이 과도하다는 것은 "아직 이성적 판단이 살아 있는 단계"라는 뜻이다. 버블은 이러한 이성적 판단에 근거한 과열을 초월한 단계다. 과열을 넘어서 흥분과 도취의 상태로 진입하면 합리적인 논리는 뒷전으로 밀려나 있고 감정이 앞서고 FOMO가 대중을 완전히 지배한다. 전문가라고 불리는 사람들마저 현재 가격이 저평가되어 있다는 논리를 펼치거나 아예 입을 닫아버린다. 곰Bear(약세론자를 일컫는 비유)은 이미 멸종된 지 오래다.

버블 이전에는 도저히 납득하기 어려웠던 가격이 버블 단계에서는 오히려 탄탄한 설득력까지 얻는 경우가 많다. 하지만 버블이 붕괴된 다음에 이를 되짚어보면 그것은 버블을 정당화하기에 급급한 괴변이었을 뿐이다. 결국 많은 이가 버블 붕괴의 희생양이 되고 개인의 손실을 넘어 국민 경제 전체가 심각한 타격을 받는다.

하지만 투자의 세계에서 불확실성, 즉 위험은 필연이다. 주식 시장은 과거에도 불확실했고 지금도 불확실하다. 위험은 늘 우리 주변에 도사리고 있다. 불확실성을 나타내는 대표적인 지수로 변동성 지수VIX: Volatility Index(시장에서 거래되는 자산의 일종)가 있다. VIX는 주가 지수 옵션 가격에 내재된 주가 지수의 변동성을 나타낸 것으로 옵션 시장 투자자들이 예상하는 미래 주가 변동

# 90. 세계 경제 위기의 역사

| 위기명 | 발생<br>(종료) | 주요 원인 | 정책 대응 |
|---|---|---|---|
| 세계<br>대공황 | 1929<br>(1939) | • 케인스주의: 과다한 설비 투자로 경제<br>  불안정<br>• 통화주의: 통화 공급량 과다 축소 | • 통화 정책 무대응<br>• 대규모 토목 공사로 수요 창출 |
| 제1차<br>석유<br>파동 | 1973 | • 1973년 10월 이스라엘 vs. 아랍권 국가<br>  전쟁 시작<br>• OPEC 원유 고시 가격을 70% 인상 선언 | • 단기 금리 인상 후 인하 |
| 제2차<br>석유<br>파동 | 1979 | • 1979년 이란 혁명<br>• 석유 공급 불안으로 유가 폭등 | • 1978년 6.9%였던 기준 금리<br>  20%까지 인상 |
| 저축<br>대부<br>조합<br>위기 | 1986<br>(1995) | • 저축대부조합 S&L에 대한 규제 완화<br>• 부동산과 정크본드로 자금 쏠림. S&L 30%<br>  이상 파산 | • 1989년 금융기관 재건 강화 법안<br>  발표<br>• 부동산 거래 규정 강화 |
| 블랙<br>먼데이<br>위기 | 1987 | • 1980년대 재정 적자, 자산 시장 과열,<br>  프로그램 매매 부작용으로 10월 19일<br>  20% 이상 주가 하락 | • 즉각적 금리 인하, 통화량 증대<br>• 주식 프로그램 주문 규제 강화 |
| 닷컴<br>버블<br>위기 | 1995<br>~<br>2000 | • 1994~1999년 연준의 금융 완화<br>• IT 설비 투자 붐, 주가 폭등 후 주가 폭락과<br>  기업 파산 | • 1999년 6월부터 2000년 초까지 정<br>  책 금리 4.75%에서 6.5%로 인상 |
| 아시아<br>금융<br>위기 | 1997 | • 1997년 태국이 고정 환율제를 포기하면서<br>  아시아 국가 환율 폭락, 연쇄 위기 | • IMF, 아시아 긴급 구제 패키지<br>• IMF, 위기국에 금리 인상과 구조<br>  조정 강요 |
| 세계<br>금융<br>위기 | 2007<br>(2008) | • 저금리로 주택 투자 붐. 고위험 모기지<br>  상품과 대출 증대<br>• 주택 시장 버블 후 채무 불이행과 은행<br>  파산 | • 금리 인하 및 비전통적 완화 정책<br>• 가계 세금 환급, 기업 투자 세액<br>  감면 |
| 아랍의<br>봄<br>위기 | 2010<br>(2012) | • 2010년 말 중동과 북아프리카에서 촉발된<br>  반정부 시위<br>• 곡물 가격 급등 및 세계적 기근, 독재 정권<br>  부패 | • IMF와의 차관 협정과 긴축 정책 |
| 남유럽<br>재정<br>위기 | 2010 | • 유로화 도입으로 남유럽 국가들의 환율<br>  불균형<br>• 재정 지출 의존도 높은 남유럽 국가 재정<br>  위기 | • 추가 금리 인하 여력 불충분<br>• 재정 건전성 악화 및 대응 제약 |
| 코로나<br>19<br>위기 | 2020 | • 2019년 12월부터 중국발 바이러스 전 세계<br>  확산<br>• 생산 중단 및 이동 제약, 수요 급감으로<br>  세계 경기 충격 | • 각국 금리 인하와 양적 완화 실시<br>• 전 세계 동시 재정 확대 |

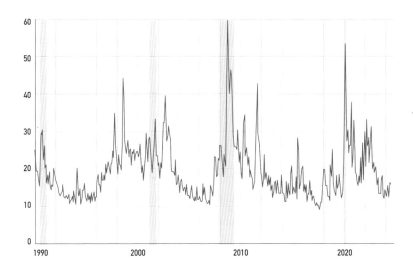

가능성을 나타낸다.

변동성 지수가 오른다는 것은 향후 투자 손실의 위험이 높아짐을 뜻한다. 자산 시장을 뒤흔드는 불확실성의 촉매는 그때마다 다르다. 투자 위험을 높이는 가장 큰 요인은 주가 자체의 과열이다. 다른 여러 세상 요인과 경제 변수들은 장기적으로 보면 그저 방아쇠 역할을 하는 경우가 많다.

물론 예전에도 불확실성은 존재했지만 불확실성이 최근 계속 높아지고 있는 점은 부담이다. 글로벌 불확실성 지수를 보면 2009~2019년 평균보다 지금은 약 2배 가까이 높아져 있음을 확인할 수 있다. 지정학적 위험과 세계 곳곳의 각종 분쟁은 물론이

## 92. 글로벌 불확실성 지수

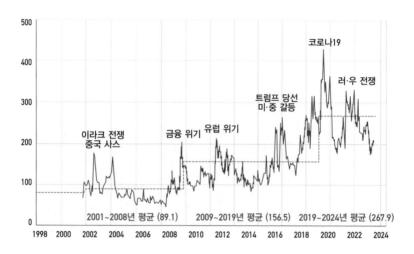

이라크 전쟁
중국 사스

금융 위기

유럽 위기

트럼프 당선
미·중 갈등

코로나19

러·우 전쟁

2001~2008년 평균 (89.1)    2009~2019년 평균 (156.5)    2019~2024년 평균 (267.9)

고 부채 증가로 인한 불확실성도 높아졌기 때문이다.

트럼프 2.0 시대에 미·중 무역 분쟁의 격화와 보호 무역주의 확산은 세계 경제의 이런 불확실성을 더 높일 것이다. 이러한 불확실성은 이제 변수가 아니라 상수다. 따라서 투자의 성패는 어쩌면 "이 불확실성을 얼마나 잘 활용하고 오히려 이를 기회로 만드느냐."에 달려 있는지도 모른다. 불확실성은 위험이고 위험이 있는 곳에 수익도 있기 때문이다.

우리가 반드시 주의해야 할 것은 불확실성에 너무 매몰되고 공포 마케팅에 속으면 좋은 투자 기회를 놓치기 쉽다는 것이다. 비관적인 경제학자가 이야기하는 "곧 무서운 것이 터질 겁니다. 역대급 경제 재앙이 곧 올 것입니다."라는 말은 당연히 참고는

224

해야 하겠지만 너무 귀담아 들을 필요는 없다.

위기가 절대 오지 않아서 그런 위기 임박설이 무용한 것이 아니라 진짜 위기는 아무도 모를 때 도적같이 오고 역대급 재앙은 누구라도 완벽히 피하기 어렵기 때문이다. 더 큰 문제는 위기설에 늘 빠져 있으면 주식 투자를 하지 않는 또 다른 위험을 안고 살아야 한다. 투자자가 위험을 너무 따지고 몸을 사리다 보면 절호의 투자 기회를 놓칠 수 있고, 반대로 위험을 너무 도외시한 채로 파티에 깊이 빠져 있다 보면 어느 순간 그간 쌓아놓은 투자 수익을 한꺼번에 잃을 수도 있으니 어느 것도 정답은 아니다.

그래서 어쩌면 우리는 스스로 투자의 이중인격자가 되는 기술이 필요한지도 모른다. 즉 "이건 너무 심한 과열이야. 하지만 나는 그 과열조차 시장의 일부로 받아들이고 소화해야 해. 위험은 예고 없이 순식간에 시장을 덮칠 수 있어."라는 자각이 필요하다. 과열된 시장 안에서 자신만의 작은 진공 공간을 만드는 셈이다. 우리가 취해야 할 최선의 태도는 아마도 강세장, 특히 과열과 버블 국면을 즐기되 주변을 주의 깊게 살펴보는 신중함을 끝까지 잃지 않는 것이다.

현재 가격을 설명하기 어려울수록 주식 투자 비율을 냉정하게 조금씩 줄이고 무리하게 끌어온 레버리지 투자를 줄이는 절제가 필요하다. 또한 대중이 얼마나 FOMO에 빠져 있는지, 자산 가격이 장기 밸류에이션 평균에서 얼마나 벗어나 비싼 가격에 거래되고 있는지, 소수의 스마트 머니들(현명한 투자자들)의 움직임은 지금 어떤지 등을 살피는 자세가 중요하다.

그렇다면 앞으로 어떤 위험들이 눈에 띄게 증가하면 우리는 비상구 쪽에 더 가까이 다가서야 할까? 제1장에서도 강조했지만 단연코 부채와 관련한 위험을 주목해야 한다. 우리는 예나 지금이나 버블 붕괴에는 세 가지 공통된 배역이 등장하는 것을 본다. 즉 과열된 특정 자산, 이를 지원하는 신용(부채), 그 결과 나타나는 경기 침체다. 경기 침체는 자산 시장 붕괴를 일으키는 방아쇠인 동시에 버블 붕괴의 결과물이기도 하다. 자산 거품의 정도가 클수록 경기 충격도 크고 그로 인한 자산 시장의 침체가 깊고 길수밖에 없다.

추가 신용(부채) 공급의 한계는 과열된 자산 가격을 떠받치는 데 필요한 연료의 소진을 뜻하므로 자산 시장의 위험 신호로 봐야 한다. 부채가 더 이상 증가하기 어려운 상황은 그 부채가 키운 경기나 자산 가격(주가, 채권 가격, 집값 등)이 거품일 때 일어난다. 공공 부채 증가도 잠재된 금융 위험 인자다. 왜냐하면 국가 부채와 재정 적자가 단기에 너무 커지면 경기를 지원하는 긍정의 힘은 떨어지고 국채 발행 증가로 인한 금리 상승 등 부정적인 힘이 더 세지기 때문이다.

부채 자체는 원래 문제가 되지 않지만, 그 부채의 상환이 꼬일 때 치솟는 금융 위험이 문제다. 부채가 증가해 투자가 몰린 자산 시장(주식, 상업용 부동산, 주거용 부동산 등)에서 자산 가격이 하락하면 담보 가치가 떨어지고 경기가 위축되어 부도율과 연체율이 올라가고 이는 크든 작든 금융 시장을 불편하게 만든다. 지금 스멀스멀 드리우는 부채 조정이라는 어두운 그림자가 어떤 위험을

## 93. GDP 대비 미국 증시 시가총액 비중(버핏 지수) 추이

가져올지 주의 깊게 지켜봐야 한다.

지금 글로벌 자산 시장에서 또 다른 불확실성과 위험이라면 미국 증시의 과열을 꼽을 수 있다. 물론 이 과열이 언제, 어떤 파장을 일으킬지는 누구도 확신할 수 없다. 1996년 연준 의장이었던 앨런 그린스펀은 당시 증시가 '비이성적 과열Irrational Exuberance' 상태라고 지적했는데 정작 그 과열은 그로부터 3년 넘게 더 지속되었고 2000년 초 닷컴 버블이 붕괴되면서 그 막을 내렸다.

그린스펀이 비이성적 과열이라고 말했던 1996년에 주가가 의미 있는 조정을 보였다면 2000년의 역사적 닷컴 버블은 역사에 없었을 것이다. 결국 비이성적 과열은 버블로 이어져 나스닥 지

수는 2000년 3월 10일에 5048.6포인트에서 2002년 10월 9일에
는 1114.1포인트로 78%나 폭락했다.

앨런 그린스펀이 과열이라고 이야기했던 1996년에 미국 증시
전체의 GDP 대비 시가총액 비율(버핏지수Buffet Indicator)은 75%
내외였고 2000년 초 버블 붕괴 직전의 동 비율은 140%였다.
2024년 12월 현재 버핏 지수는 210%(GDP 28조 5천억 달러에 시가
총액 약 60조 달러)에 달해 가히 역대급 수준이다.

경제 내에서 기업 활동의 역할과 부가 가치 비중이 높아지고
있는 점을 감안하더라도 이 지수가 200%를 상회함과 동시에
2표준편차(평균으로부터 많이 떨어져 있음)에 위치하고 있다는 점은
가볍게 볼 일이 아니다.

아울러 미국 증시 내 시가총액 상위 10개 종목이 증시 전체에
서 차지하는 비율이 현재 30%를 넘어 2000년 버블 붕괴 직전과
비슷한 종목 쏠림 현상이 있다는 점도 주가 과열에 대한 합리적
경계심을 갖기에 충분한 근거다.

미국 증시가 2000년 상황과 확실히 다른 점이 있다면 그것
은 양호한 기업 이익이다. 2000년 초 버블 붕괴 직전의 나스닥
100과 S&P500 IT 업종 PER(주가 수익 비율)는 각각 60배와 50배
였지만, 지금은 30배로 현재 기업 이익이 25년 전보다는 건실하
다는 것을 보여준다.

미국 증시에서 M7 Magnificent 7(시가총액 상위 7종목으로 엔비디아,
애플, 구글의 모회사 알파벳, 마이크로소프트, 아마존, 메타플랫폼, 테슬
라)의 주가도 현재 버블 수준은 아니고 단지 과열된 수준이다.

## 94. 글로벌 증시 밸류에이션 지도

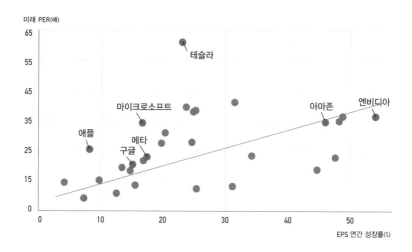

2024년 말 현재 테슬라를 제외하고는 빅 테크 종목들의 12개월 예상 이익을 적용한 PER는 20~40배 수준이다. PER가 높기는 하지만 기업 이익만 어느 정도 뒷받침된다면 버블이라고 보기는 어렵다. 특히 전체 시가총액(주가 지수) 부담이 큰 M7보다 다른 스타일의 종목군이 강세를 보이면 강세장의 수명이 좀 더 연장될 수 있다.

하지만 기업 이익이라는 것도 좋을 때는 한없이 낙관적이지만 한번 패턴이 바뀌면 믿을 만한 게 전혀 아니다. 이는 지금의 PER 수준에서 주가가 조정된다면 감내할 만한 수준이겠지만 만약 주가가 한 단계 더 올라 거품끼가 더 낀다면, 그때는 주가가 약세장으로 전환할 경우 세계 경제와 금융 시장에 대한 충격 또한 상당히 클 것임을 시사한다.

이처럼 과열과 버블 사이에 끼어 있는 현재의 미국 증시(폭넓게는 글로벌 증시)가 어떤 변동성을 보일지는 사실 '미스터 마켓'(증시를 의인화한 표현)의 마음에 달려 있다.

이런 상황에서 투자자로서 할 일은 깨어 있는 일 밖에는 없다. 비상구가 붐비기 전에 파티장에서 탈출하려면 되도록 비상구 근처에 자리를 잡고 파티를 즐겨야 한다. 적절한 안전 자산(현금성 자산과 국채, 금) 비율을 유지하고 너무 비싸지 않은 주식(PER가 너무 높지 않은 우량주)으로 포트폴리오를 구성하는 것이 좋겠다.

# 기술 혁신이 이끄는 경기임을 잊지 말자

제1장에서 강조했듯이 기술 혁신이 이끄는 경기는 예전의 경기와 여러 면에서 차이점이 있다. 투자자 관점에서 첨단 기술에 모두 정통할 수는 없겠지만 기술이 지배하는 세상에서 투자자들은 어떤 아이디어를 갖고 시장을 대하고 접근해야 할까? 꿈을 먹고 사는 증시에서 기술 혁신은 설렘과 흥미를 주는 재료다.

그래서 첫째 키워드는 '차별화'다.

혁신 기술의 발전과 적용이 활발한 경제는 기업별로 성장 차별화가 심한 특징을 보일 것이다. 각 분야에서 기술을 잘 따라가는 기업은 많은 이윤을 가져가지만 그렇지 못한 기업은 경쟁에서 뒤처질 뿐만 아니라 심지어 생존에 위협을 받을 것이다.

따라서 투자자들은 예전보다 기업 실적 변화에 좀 더 민감해야 한다. 기술을 다 이해하지는 못할지라도 어떤 기업이 미래의 기술 트렌드에 잘 적응하고 있는지를 관찰해 시대정신에 맞는 주식군에 머물러야 한다. 4차 산업의 변화에 대해 어느 정도의 이해가 필요하고 나름의 관점을 갖춘 투자자는 이런 시장에서 유리하다.

　두번째 키워드는 높은 '변동성'이다.

　재고 출하가 이끄는 전통 제조업 경기 사이클은 약해지고, 새로운 자본 투자와 신제품 확산, 소비로의 파급 등이 실물 경제의 특징으로 자리잡을 것이다. 이러한 역동성은 증시에서 높은 변동성으로 나타날 수밖에 없다. 기업들의 기술 혁신과 수익 증가에 열광했다가 다시 실망하기도 하고, 시장에서 관심의 초점이 계속 변하는 변덕스러움은 투자자에게 기회이자 고통을 의미한다.

　따라서 투자자들은 '기술 추종 매매'(기술을 중심으로 판단하고 기술 헤게모니의 변화를 중시하는 매매)에 집중해야 한다. 주변 경제 지표에 너무 휩쓸리기보다는 대표 핵심 기술주들의 실적 변화에 집중하는 것이 좋다. 아울러 꿈의 기울기(기업의 성장 비전, 기술력)가 주식의 밸류에이션PER을 과도하게 이끌 것이므로 아무리 기술력과 이익의 매력이 크더라도 밸류에이션이 너무 높으면 적당히 쫓아가는 절제의 미덕이 요구된다.

　셋째 키워드는 '의외성'이다.

　AI 경제는 인류가 처음 가보는 길이어서 당초 사람들이 생각했던 것과 다르게 전개되고 산업 구조나 경제적 효과도 우리의 평범한 예상을 뛰어넘을 수 있다. MIT의 다른 아제모을루 교수는 향후 AI 기술이 경제 성장률은 고작 0.9% 올리고 생산성은 0.5%만 증가시킬 것으로 봤다. 물론 그 반대일 수도 있다.

AI 엔진을 만드는 구동 기업들과 적용 기업들 간의 관계와 그 영역의 벽이 점점 없어지는 과정에서 기업마다 이윤의 변화도 빠를 전망이다. 분명한 것은 혁신 기술의 확장성과 파급력에 미리 한계를 부여하지는 말아야 한다는 것이다. AI 기술은 시너지 효과를 일으키고 적용 대상 재화(자동차, 가전, 로봇 등)나 서비스와 융합되고 서로 영향을 주고받으면서 다양한 파생 효과를 낳을 것이다.

2000년대 인터넷 시대가 본격적으로 열리면서 애플, 구글, 아마존, 메타플랫폼, 마이크로소프트, TSMC는 물론, 존재감도 없던 엔비디아, 테슬라, 브로드컴 등이 이 새로운 산업 환경에서 미래에 얼마나 성장할지를 정확히 알았던 사람이 얼마나 됐을까 궁금하다. 지금 주목받고 있는 여러 기술들도 마찬가지다. 앞으로 산업의 생태계를 송두리째 바꾸고 새로운 빅 테크 영웅들이 또 탄생할 것이 분명하다.

AI 자체의 파괴력과 기술 간 융합의 힘은 그저 놀라울 뿐이다. 이들 산업을 지원하는 하드웨어(반도체, 기타 소재 부품 장비) 산업도 빠르게 변하고 소프트웨어 기술도 변하고 있다. 생산자와 소비자 모두 얼마 후에는 지금 우리가 생각하지 못하는 다른 곳으로 이동해 있을지 모를 일이다.

# 95. 인더스트리 4.0 프레임 및 디지털화 기술

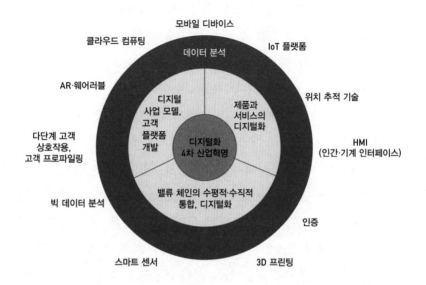

# 자산 배분 원칙을 지키면 투자가 편해진다

　자산 배분이라고 하면 거대 자금을 굴리는 연기금이나 대형 기관 투자가를 우선 연상하게 되지만 그들에게만 해당하는 거창한 개념은 아니다. 일상생활과 자본 시장에서 우리 모두는 부지불식간에 부동산과 주식, 채권이나 예금, 빚(부채, 마이너스 자산)을 나름대로 배분한다. 그리고 투자자는 의식하든 의식하지 않든, 크게 두 가지 의사결정을 한다.

　첫 번째 의사결정은 굵직한 자산 배분에 관한 의사결정인데 시험문제로 치면 배점이 꽤 높은 문항이다. 가령 실물 자산(부동산)과 금융 자산(주식 채권 예금)의 배분, 위험 자산(주식)과 안전 자산(우량 국채, 현금성 자산)의 배분, 국내 자산(원화 자산)과 해외 자산(달러 자산)의 배분 등이 여기에 해당한다.

　이러한 상위 개념의 자산 배분을 결정할 때는 세상을 내다보는 지혜가 더 중요하고 현재 상황에만 갇혀서 좁은 시야로 판단하기보다는 한 걸음 떨어져서 미래를 바라볼 필요가 있다. 하지만 우리는 이런 문제를 풀 때 주변에서 우연히 접한 지인의 조언이나 흘러다니는 단편적 정보에 의존해 너무 쉽게 결정을 내리는 경향이 있다.

중장기 자산 배분은 세상의 메가 트렌드를 쫓는 일이고 이는 세계 경제 중심축의 변화나 핵심 산업의 변화, 헤게모니의 변화를 읽는 게임이다. 즉 지금 세상이 어떻게 돌아가고 그래서 어떤 국가와 어떤 산업이나 기업이 유리할지를 발견하는 중요한 일이다.

두 번째 의사결정은 구체화된 전술적 판단인데, 각 자산군 안에서 어떤 자산을 고를지에 관한 것이다. 앞선 전략적 자산 배분보다는 배점이 작은 항목이고 목표 기간은 짧고 의사결정도 빈번하다. 예를 들면 미국 주식 가운데 업종별 비율을 결정하는 일이나 국내 주식 중 반도체 ETF에 몇 퍼센트를 투자할 것인지, 안전 자산 중에서는 미국 국채와 한국 국채 중 어느 것을 살 것인지에 관한 의사결정을 말한다. 이는 현재 시장 상황과 밸류에이션, 수급이나 단기 이벤트 등을 고려한 짧고 민첩한 의사결정이다.

일단 첫 번째 굵직한 전략적 자산 배분 비율을 정했다면 이 비율을 수시로 바꾸지 말고 처음 정한 자산 포트폴리오를 계속 유지하는 게 유리하다. 가령 전체 금융 자산 중에서 미국 주식을 50%로 유지하기로 정했다면 이를 바꿀 만한 중대한 이유(예를 들면 미국 증시의 지나친 과열이나 미국 기업들의 근본적인 수익 악화 등)가

없는 한 몇 년간 그대로 가져가는 것이 좋다.

그런데 만약 1년이 지나 미국 주가가 다른 나라 주가에 비해 많이 올라 이 비율이 70%가 되었다면 적절한 시점에 이 20%p에 해당하는 주식 초과분을 팔아 처음 설계했던 대로 50%의 비율을 맞춰놓는 게 위험 관리와 중장기 투자 수익 면에서 현명한 의사결정일 확률이 높다는 것이다.

때마침 만약 한국 주식의 가격이 떨어져 원래의 30%의 비율에서 20%로 줄어들어 있다면 그 줄어든 10%p만큼의 한국 주식을 새로 더 채워놓으면 된다. 아마도 1년 전보다는, 같은 종목의 경우, 더 많은 수량의 주식을 채워놓을 수 있을 것이다.

물론 투자의 세계에서 완벽한 정답은 없겠지만 이러한 전략적 자산 리밸런싱Rebalancing(균형화) 작업은 자신의 자산 포트폴리오를 더 안정감 있게 만드는 좋은 방법이다. 이는 평균 회귀Mean Reversion 원리에 충실한 투자 방식이며 결국 밸류에이션이 너무 올라간 과열 자산을 줄여, 상대적으로 가치 매력이 커진 자산으로 교체하는 단순한 포트폴리오 관리 작업이다.

자산 시장에서 가장 큰 호재는 가격이 많이 떨어졌다는 것이고, 가장 큰 악재는 가격이 너무 올랐다는 것을 인정하는 전략이다. 이때 가격이 비싼지 싼지에 대한 판단은, 기술적으로 최저점(최고점) 대비 얼마나 올랐는지(떨어졌는지)도 중요하지만, 밸류에이션(공정 가격 대비 현재 가격의 괴리)을 중심으로 봐야 한다. 주가가 역사적 저점에서 50%가 올랐지만 현재 PER가 아직 20배이고 2년 후의 예상 이익을 기준으로 예상 PER가 10배라면(또 그

## 96. 자산군별 수익과 위험 개념도

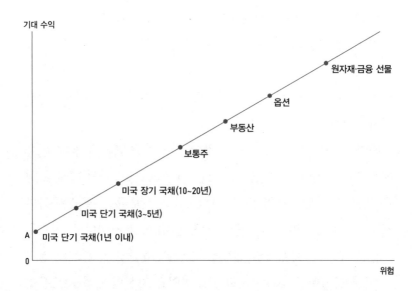

예상 이익을 신뢰한다면) 이 주식은 아직 비싸지 않다고 볼 수 있다.

이처럼 자산 배분을 중시하는 투자는 큰돈을 잃지 않는 장점이 있다. 여기에 기대 수익과 위험을 동시에 높이려면 세부 자산 항목에서 특정 산업이나 특정 종목에 집중 투자하면 된다. 아니 오히려 그렇게 하는 게 좋다. 이미 자산 배분으로 안전 자산이 확보되어 있어 위험 자산은 위험 자산답게 운용하는 것이 바람직하다는 생각이다. 물론 이는 개인 취향과 선택의 문제다.

자산 규모가 크지 않아 많은 유형의 자산으로 분산 투자하기 어렵다면 위험 자산을 한국 주식과 미국 주식 정도만이라도 배분하는 게 좋다. 만약 그것도 어렵다면 한국 주식이나 미국 주식

중 어느 한쪽을 100으로 가져가면서 그 안에서 성장주와 안정 성장주(금융, 유틸리티, 필수 소비재) 또는 중소형주(Russel 200 ETF) 비율을 적절히 분산하는 것도 좋은 방법이다. 자산 규모가 작다면 안전 자산과 위험 자산도, 예를 들어 미국 주식, 금 ETF, 비트코인 등으로(예를 들어 70:20:10) 배분하는 것도 방법 중의 하나다.

# 국내 주식과
## 미국 주식을
### 균형 있게 투자하자

앞으로 어느 나라 증시나 약세장과 강세장은 반복될 것이고 전 세계 증시는 다 연결되어 있으므로 특히 미국 증시의 조정은 세계 증시를 불편하게 만들 것이다. 미국 증시라고 해서 떨어질 때 미리 점잖게 편지를 보내고 부드럽게 하락하지 않는다는 것을 우리는 경험을 통해 이미 잘 알고 있다.

오히려 최근 미국 증시는 몇몇 초대형 종목들(M7)의 쏠림과 과열로 인해 앞으로 국내 증시보다 오히려 더 큰 단기 변동성을 연출할 수 있다. 성장에 대한 기대치가 높을 때는 기업 실적이 예상치를 조금만 밑돌아도 주가는 크게 흔들릴 수 있다. 지금처럼 밸류에이션이 높아진 상태에서는 금리가 크게 오르거나 경기가 둔화될 경우, 주가 조정 폭이 클 수 있다.

다만 여기서 다루려고 하는 것은 이러한 미국 증시에 대한 예측보다는 세계 여러 증시 가운데, 장기적 관점에서 미국 증시가

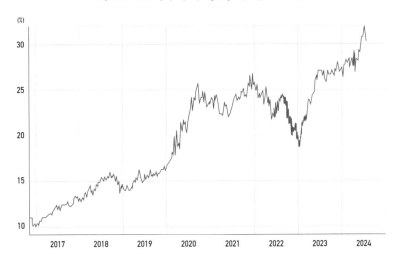

**97. S&P500에서 빅 테크(M7) 시가총액의 비율**

과연 비교 우위가 있을지에 대한 것이다. 미국 증시의 적정한 투자 비율에 대한 정답은 없지만 분명한 것은 미국 주식에는 전혀 투자하지 않고 한국 주식만 보유한다는 것은 중장기 관점에서 썩 합리적인 투자는 아니라 하겠다.

투자 지역을 고르는 데 있어 판단 기준은 그 나라 경제의 성장성, 상장 기업들의 혁신성, 증시의 투명성, 주주 환원율, 그리고 세금 등일 것이다. 미국의 투자 구루 제럴드 로브는 그의 저서에서[17] "거래량이 많은 주도주에 집중하라."라는 조언을 했는데 필자의 생각에는 미국 증시가 전 세계 주식 시장의 주도주인 것 같다.

물론 해외 주식 투자에는 많은 어려움이 따른다. 종목에 대한 이해 부족, 정보 취득의 어려움, 환율 위험 등이 그것이다. 하지만 이를 참작하더라도 미국 경제와 산업 경쟁력, 주요 기업들의 중장기 수익 역량 등을 고려할 때 전체 주식 가운데 적어도 30% 이상은 미국 주식을 보유하는 것이 합리적이라고 본다. 미국 주식은 다음과 같은 강점과 매력을 갖고 있다.

첫째, 최근 세계는 미국을 위한, 미국에 의한, 미국 중심의 운영 체계로 한 단계 더 깊숙이 들어가고 있다. 트럼프 2기 행정부는 이러한 프레임을 더 강화할 것이다. 그 배경에는 혁신 성장 분야에서 중국을 견제하려는 의도가 강하다. 하지만 그렇다고 MAGA 정책에 힘입어 미국 경제가 단기에 크게 개선되고 중국은 무조건 쇠퇴하는 것은 아니다. 미국의 무역 수지도 크게 개선되지 못할 것이다.

다만 미국의 국익을 최우선으로 하는 보호주의 정책은 결국 세계 교역을 위축시킬 것이고 이는 경제에서 소비의 비중이 높은 미국 경제를 장기적으로 또 다른 국가에 비해 상대적으로 부유하게 만들 것이다.

둘째, 4차 산업이 세계 경제를 지배하는 힘이 날로 커지는 상황에서 AI, 컴퓨팅, 관련 소프트웨어, 반도체, 로봇, 항공·우주, 자율주행, 제약·바이오 등 첨단 산업에서 미국의 지배력과 경쟁 우위는 향후 더 커질 것이다. 실제 미국의 혁신 기업들은 세계 평균에 비해 이윤율이 높고 다른 나라에 비해 경제 전반에 생산성을 지원하며 인플레이션에 대한 저항력을 높여주고 있다.

중국이 다크호스이긴 하지만 4차 산업이 날개를 달기에 적합한 기초 및 응용과학 기술, 인적 인프라, 연구·개발 투자, 효율적인 증시, 벤처 생태계 등 종합적인 면에서 미국을 추월할 국가는 아직 없다.

셋째, 제조업 공장(실물 투자)의 미국 쏠림 현상은 좀 더 진행될 것이다. 이미 비교 우위를 확보한 소프트웨어 산업과 제조업 부흥이 결합되면 미국 경제는 더 강해질 수밖에 없다. 여기에 미국은 선진국 가운데 유일한 에너지 자급자족 국가여서 제조업에 유리하다. 높은 에너지 자급도는 상품 인플레이션에 대한 내성을 지원하며 완화적 통화 정책을 펼치기에도 유리한 거시 환경을 조성해준다.

이러한 미국의 제조업 육성 정책은 고압 경제를 야기해 물가 상승 압력을 높일 수 있지만 높은 명목 경제 성장률을 보장해준다. 주가는 장기적으로 물가와 실질 경제 성장률의 합과 배당을 반영한다.

넷째, 미국 상장 기업 중에는 두터운 내수 시장을 기반으로 세계 시장에서 안정된 점유율을 유지하는 글로벌 소비재(B to C) 기업들이 많이 포진해 있다. 이러한 대형 소비재 기업들은 세계 시장에서 안정된 점유율과 높은 브랜드 경쟁력을 기반으로 매출과 이윤의 변동 폭이 작고 배당 수익률도 양호하다. 이들 안정 성장 기업들은 미국 증시의 안전판 역할을 해주고 채권 같은 주식의 역할을 담당해줌으로써 연기금 같은 장기 투자자들이 선호하고 있다. 특히 세계 경기가 좋지 않을 때 이들 안정 성장 소비재 기업들은 상대적으로 빛을 발한다.

다섯째, 미국 주식은 주주 환원율이 높아 다른 나라 주식보다

## 98. S&P500 이익과 경기 동행·선행 지수

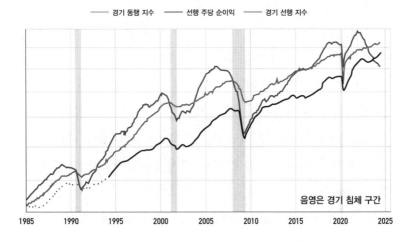

—— 경기 동행 지수　—— 선행 주당 순이익　—— 경기 선행 지수

음영은 경기 침체 구간

1985　1990　1995　2000　2005　2010　2015　2020　2025

중장기적으로 유리하다. 주주 환원율은 기업의 순이익 가운데 배당과 자사주 매입에 쓴 돈의 비율인데, 이 비율이 높을수록 기업이 매년 벌어들인 이익을 주주들과 더 많이 공유한다는 뜻이다.

매년 복리로 얻는 배당 수익률은 장기 투자 시 더 큰 위력을 발휘한다. KB증권에 따르면 2013년부터 2022년까지 10년간 한국 상장 기업들의 평균 주주 환원율은 29%에 불과했지만 같은 기간 미국 상장 기업들의 주주 환원율은 92%에 달했고, 미국을 제외한 선진국들의 주주 환원율은 68%였다.

높은 주주 환원율은 약세장의 보릿고개에서 투자자들이 증시를 떠나지 않고 버틸 수 있는 최소한의 힘을 보태준다. 또 높은 주주 환원율은 기관 투자자, 특히 연기금 투자자의 비율을 높여

주가의 변동 위험을 낮추는 데 기여한다. 장기 기관 투자자는 유통 주식 수를 줄여주고 주가 하락으로 밸류에이션이 낮아지면 저가로 매수해 주가의 부침을 막아준다.

마지막으로 미국 증시 안에는 다양한 세계 기업이 주식 예탁 증서ADR 형태로 상장되어 있어 원스톱 투자가 가능하다. 물론 한계는 있지만 미국 증시 안에서 유럽, 캐나다, 인도의 주요 종목과 중국의 주요 기술주도 커버된다. 또한 미국 증시에는 전 세계 증시 및 산업, 각종 테마, 채권, 환율, 상품(원자재, 금, 곡물 등) ETF가 다양하게 상장되어 있어 선택의 폭이 넓다. 미국 증시 한 군데에 투자함으로써 각각의 환율에 일일이 대응하는 불편을 줄일 수 있다.

사실 미국 기업들의 놀라운 실적(기업 이익)으로 인해 지금까지 한국과 미국의 주식 수익률의 격차는 상당하다. 2000년 초부터 2008년 글로벌 금융 위기까지는 한국 증시가 미국 증시에 결코 뒤지지 않았으며 이러한 한국 증시의 우위 추세는 2012년까지도 이어졌다. 돌아보면 중국의 경제 성장률이 높은 시절이었고 반도체와 휴대전화는 물론이고 우리의 중화학 공업 전반에서 수출 경쟁력이 양호한 국면이었다. 하지만 이후 한국 수출 기업의 위상은 현저히 약해졌다.

물론 2018년 반도체 슈퍼 사이클이 있었고 팬데믹 직전에는 화장품 등 대중 소비재도 반짝 선전했으며 이후 자동차 산업 호황과 이차전지 산업의 급부상도 있었다. 코스피는 2021년에 잠시 코스피 3천 포인트(2021년 6월 3316.08p)도 돌파했지만 그것도 잠시였을 뿐 2010년 이후 장장 15년째 2천 포인트 대의 박스권에 갇혀 있는 실정이다.

반면 미국 증시는 지난 10여 년간 한국 증시와는 다른 궤적을 보였다. 세계 금융 위기 직후인 2009년을 기준으로 봤을 때 2024년 말까지 나스닥은 12.2배, S&P500은 6.5배 오른 반면, 우리 코스피는 2.1배 상승에 그쳤다. 이 기간 중 코스피와 나스닥의 성과 차이는 AI를 비롯한 혁신 성장 기업의 유무와 기업의 수익 역량, 주주 환원율의 차이 등에서 비롯되었다. 또한 기축 통화국의 이점과 환율 안정, 양호한 유동성 환경 등도 그간 미국 경제와 증시의 강세 요인이었다.

한·미 증시의 장기성과 차이가 이런 구조적 요인들에 기인했음을 인정한다면 그 성과 격차가 지속될 수도 있음을 인정해야 한다. 반면에 한국 수출 산업은 앞으로 중국의 성장 둔화와 미국으로의 '공장 빼앗기기'(산업 공동화)로 어려움이 있고 혁신 기술 산업의 성장 잠재력도 미국보다 약하다는 점에서 장기적으로 한·미 증시의 성과가 개선되기는 쉽지 않아 보인다.

주식회사는 원래 지배 구조가 투명하고 의사결정이 효율적이어야 소수의 대주주가 아니라 다수의 소액 주주를 위한 경영을 펼칠 수 있고 그 결과 주가 성과도 양호하다. 명목 경제 성장률이 높은데도 신흥국 주가 수익률이 선진국보다 낮은 이유는 기업의 거버넌스가 불투명하고 이사회가 주주 이익을 해치는 의사결정을 일삼으며 정부가 기업의 의사결정에 개입하기 때문이다.

한국은 경제와 산업은 이미 선진국 반열에 올라 있지만 자본 시장은 아직 그렇지 못해 아쉬운 점이 많다. 특히 아직도 많은 한국 기업들이 대주주 1주와 소액 주주의 1주를 동등하게 인정하고 있지 않으며, 지분율이 낮은 대주주가 지주 회사나 문어발식 지배 구조를 통해 전횡을 일삼고 다수의 소액 주주의 이익을 침해하고 있다. 이 점이 최근 '개미' 투자자들로 하여금 한국 증시에서 등을 돌리게 만드는 이유 중 하나다.

정부 정책도 한국 증시에 대한 대외 신뢰도를 떨어뜨리고 있다. 예고도 없는 공매도 전면 금지 조치나 은행 배당 정책 관여, 악의적 불성실 공시 기업과 주가 조작, 불공정 거래 등 자본 시장 질서를 교란하는 범죄에 대한 솜방망이 처벌, 공모주 시장에서 기관 투자자의 낮은 의무 보유 확약 비율(기관들의 먹튀 용인) 등이 그것이다.

IPO Initial Public Offering(기업 공개) 제도의 개선도 필요하다. 투자자 보호를 목적으로 모험 기업들의 상장 규제가 너무 엄격하다 보면 벤처기업의 생태계 조성 자체가 어려워지고 젊은 피(신생 기업) 수혈이 막힌다. 기술 특례 기업의 상장 과정에서 사업성과 매출액을 너무 따지다 보면 정작 기술력이 우수한 기업들이 상장 문턱을 넘지 못하고 좌절한다. 주식 시장은 사람들이 돈을 벌기 위해 자기 책임하에 뛰어드는 시장이다.

제도의 투명성과 공정성, 범죄 행위에 대한 처벌을 강화하는 것이 중요하지 첩첩이 규제를 쌓아서 투자자를 보호하려는 정책은 글로벌 스탠더드가 아니다. 상장과 퇴출이 자유로운 시장이 건강한 자본 시장이다. 또 정책 측면에서 유독 부동산 투자자

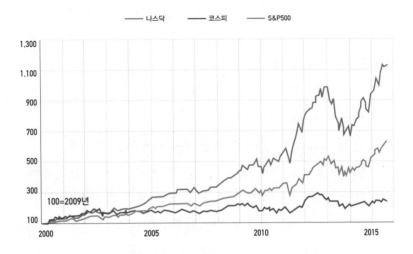

에 대해서는 진심인 정부가 주식 투자자들에 대해서는 지나치게 인색한 것을 보면 아쉽다. 이러한 점들이 '코리아 디스카운트'를 고착시키는 이유인 만큼, 제도 보완과 개선이 반드시 필요하다.

거듭 강조하지만 미국 증시라고 해서 큰 조정이 오지 않는 것은 아니다. 주가 전망을 언급하는 것이 아니라 중장기 자산 배분에서 미국 증시 투자 비중을 논하는 것이다. 한국 기업들의 혁신 성장과 기업 수익력, 코리아 디스카운트 요인 해소 여부 등을 지켜보면서 한국 증시와 미국 증 투자 비중을 조절해나가는 것이 좋을 것이다.

# 자산의 일부는 달러로 보유하자

미국 달러는 1970년 이후 총 세 차례 강세를 보였다.

1차 달러 강세는 1980년 9월부터 1985년 3월까지로 약 4년 반에 걸쳐 진행되었고 94%의 달러 가치(DXY, 선진국 6개국 가중 평균 달러 인덱스 기준, 이하 동일) 상승을 기록했다. 그다음 2차 달러 강세는 1995년 5월부터 2002년 1월까지로 약 6년 반에 걸쳐 진행되었으며 이 기간 중 달러는 약 50% 올랐다.

2차 달러 강세는 1995년 역逆플라자 합의(1985년 엔화 가치 강세를 목적으로 한 플라자 합의가 만든 과도한 달러 약세를 시정하기 위한 글로벌 정책 합의) 이후 급속한 엔화 약세가 주된 요인이었다. 2차 달러 강세 국면에서 엔화 약세는 급기야 아시아 신흥국의 외환위기를 불러왔고 러시아의 모라토리엄(채무 지불 유예, 1998년 8월 17일) 선언으로 이어졌다. 때마침 러시아 채권에 올인한 미국 투자 전문 회사 롱텀 캐피털 매니지먼트사LTCM가 1천억 달러(당시 한국 GDP의 3분의 1 규모)의 부채를 남겨놓고 파산을 선언했다. 이렇게 2차 달러 강세는 1995년부터 아시아 외환 위기 및 LTCM 위기가 있었던 1998년을 지나 닷컴 버블이 붕괴된 2002년 1월까지 계속 진행되었다.

마지막으로 2011년부터 2024년까지의 3차 달러 강세는 비교적 장기에 걸쳐 완만하게 진행되었으며 이 기간 중 달러는 DXY 기준 27%, 무역 가중 달러 기준으로 43% 올랐다. 코로나19 때 풀린 과잉 유동성으로 인한 물가 상승, 그로 인한 미국 주도의 금리 인상, 미국 경제의 우위성과 미국 자산 시장의 호황이 3차 달러 강세의 주원인으로 풀이된다

이번 3차 달러 강세는 매우 복잡한 환경 아래 진행됐다. 3차 달러 강세의 가장 큰 특징은 일본 엔화의 독보적인 약세였다. 엔화 가치는 2023년 이후 일본 은행의 수차례 대규모 시장 개입(달러 매도 엔화 매입)에도 불구하고 계속 하락해왔다.

근래 달러가 가장 쎘던 지난 2021년 5월부터 2024년 12월까지 미국 달러 인덱스가 19% 뛰는 동안 엔화는 47%나 폭락했다. 같은 기간에 유로화가 14%, 영국 파운드화가 10% 하락한 것과 비교하면 큰 폭의 하락이다. 특이한 점은 엔화 가치가 떨어지면서 특히 아시아 신흥국 환율이 약속이나 한 듯이 함께 떨어지고 있다는 것이다.

우리 원화는 같은 기간에 32%나 떨어졌고 대만(18%), 인도(17%), 중국(13%), 태국(12.5%), 말레이시아(11%) 등의 환율이 그 뒤를 이었다. 좀 더 과장해서 말하면 마치 1997년 외환 위기를

## 100. 1980년 이후 미국 달러의 흐름

—— 달러 인덱스(좌)   —— 원달러(우)

방불케 하는 통화 가치의 하락이 27년 만에 아시아 지역에서 재현된 셈이다. 물론 같은 기간에 남아공 랜드화도 크게 떨어졌고 2023년 하반기부터는 멀쩡했던 브라질과 멕시코의 환율도 동반 하락해 신흥국의 통화 가치 하락이 최근 전 세계로 확산하는 분위기다.

이번 3차 달러 강세 기간 중 이처럼 신흥국의 통화 가치가 떨어진 것은 팬데믹 이후 두드러진 세계 교역의 둔화와 신흥국 경제의 상대적 약세가 주된 이유였다. 물론 무엇보다도 미국과 다른 국가의 경기 격차와 금리 차이, 미국 증시와 채권 시장으로의 자본 쏠림이 3차 달러 강세의 가장 큰 원인으로 풀이된다.

향후 달러는 지금까지 진행된 3차 달러 강세가 좀 더 이어진

## 101. 1980년 이후 미국 달러 흐름

| 구분 | 1980.9~1985.3 달러 강세 | 1985.4~1995.4 달러 약세 | 1995.5~2002.1 달러 강세 | 2002.2~2011.3 달러 약세 | 2011.4~2024.12 달러 강세 |
|---|---|---|---|---|---|
| 무역 가중 달러 | 93.8% | −39.8% | 47.8% | −36.3% | 42.7% |
| GDP 대비 경상 수지 변화 | 3.12%p 적자 확대 | 0.56%p 적자 감소 | 2.53%p 적자 확대 | 0.70%p 적자 감소 | 0.73%p 적자 확대 |
| GDP 대비 정부 부채 변화 | 12.8%p 증가 | 24.2%p 증가 | 6.49%p 개선 | 37.3%p 증가 | 30.7%p 증가 |
| 연준 기준 금리 (기간) | 1.03%p 하락 | 2.53%p 하락 | 4.32%p 하락 | 1.59%p 하락 | 5.19%p 상승 |
| 연준 기준 금리 (범위) | 8.0%~19.1% | 3.0%~9.81% | 1.73%~6.54% | 0.14%~5.26% | 0.14%~5.33% |
| 통화 정책 흐름 | 인상 후 인하 | 인상 후 인하 | 동결 인상 후 인하 | 인상 후 인하 | 동결 인상 인하 인상 |
| 국채 금리 동향(10TB) | 높은 수준에 머묾 | 하락세 | 하락세 | 하락세 | 하락 후 상승 |
| 경제 이벤트 | 2차 오일 쇼크(81) 일본 수출 규제(81) | 플라자 합의(85) 루브르 합의(87) | 역플라자 합의(95) 아시아 외환 위기 | 두바이 합의(03) 철강 수입 제한(02) | 중국 수출 규제(22) 대중국 관세 인상 |
| 경기 상황 | 침체 후 호황 | 1990년 짧은 침체 | 호황 후 짧은 침체 | 호황 후 침체 | 2020년 짧은 침체 |

다음 약간의 조정(달러 약세) 기간을 거쳐 4차 달러 강세로 넘어갈 것으로 예상된다. 미국 달러가 점점 휴지가 될 것이라는 견해도 있지만 이는 아주 먼 이야기라고 생각한다. 환율 시장은 절대 통화인 금보다 '누가 누가 못났냐?'의 게임에 들어갔기 때문

이다. 모든 국가의 재정이 부실해지고 방만한 통화 관리를 계속 이어갈 때 어떤 통화가 끝까지 살아남을까? 달러는 가장 끝까지 살아남는 '바퀴벌레 통화'다.

경제 패권을 유지하는 국가의 통화가 가장 오래 살아남고 재정 부실화 과정에서도 안전 통화에 대한 지위는 사라지기 어렵다. 물론 미국도 언젠가 세계 1등의 경제 타이틀을 하나둘씩 빼앗기고 패권을 잃겠지만 당장 코앞에 닥칠 일은 아니라는 것이다.

IMF에 따르면 2024년 1분기 기준, 각 중앙은행들의 외환 보유액(준비금) 중 달러의 비율은 58.9%로 건재한 반면(2023년 러·우 전쟁 이후 58.4%까지 낮아졌다가 소폭 반등), 유로화는 21.3%에서 19.7%로 낮아졌고 중국 위안화도 2021년 2.80%에서 2.15%로 비율이 낮아졌다.

앞으로도 달러는 계속 강세와 약세를 반복할 것이다. 다만 달러 패권 구도 자체가 바뀌는 데 시간이 적지 않게 남았다면 우리는 트럼프 2.0 시대에 환율 시장에서 무엇을 봐야 하고 무엇에 집중해야 할까?

첫째, 달러 강세의 근본 요인은 크게 바뀌지 않을 것 같다. 이는 달러 약세 기간은 짧고 그 폭도 크지 않은 반면, 달러의 강세 기간은 길 가능성을 시사한다. 이러한 새로운 현상(뉴 노멀)은 미국과 다른 나라의 금리 차이와 미국으로의 자본 쏠림, 미국 경제의 비교 우위 등 구조적 요인에 기인한다. 미국과 주요국들 간 금리 차이는 2024년 말 현재 평균 2%p(200bp) 이상 유지되고 있다. 이러한 점들이 미국 연준이 본격적인 금리 인하 사이클

## 102. 미국과 주요국 금리 차이

에 진입했음에도 불구하고 최근 달러가 강세를 보인 이유다. 달러는 트럼프 당선이 확정되기 전, 연준이 금리 인하를 단행했던 2024년 9월부터 오히려 강세를 보였다.

미국 경제가 최근 수년간 대규모 재정과 통화 정책의 지원을 받아온 것은 맞지만 그것은 다른 나라도 다 마찬가지다. 오히려 미국은 기축 통화국으로서 그 편익을 계속 누릴 수 있지만 다른 나라는 사정이 다르다. 환율 절하로 인한 단기 대가를 치러야 하기 때문이다.

또 긴 호흡으로 봤을 때 미국의 IT, 소비재, 금융 산업의 이익 창출력은 다른 선진국 평균보다 높고 혁신 산업의 생산성도 높은 편이다. 따라서 미국의 명목 경제 성장률은 다른 나라에 비해

크게 낮아지지 않을 것이고 이로 인해 미국의 기준 금리도 적게 내려갈 것이다.

둘째, 아시아 역내 환율은 앞으로 더 밀접하게 연동되어 움직일 것이다.

즉 우리 원화 환율은 역내 경제 규모가 큰 일본 엔화 및 중국 위안화와 계속 동조화될 것이다. 트럼프 정부가 중국에 실제 60%의 관세를 추가로 부과하고 한국과 일본에도 10% 이상의 보편 관세를 부과할지 여부는 불확실하다. 하지만 2028년까지 아시아 환율 시장은 미국의 관세 으름장 속에 계속 부담을 받을 것이다.

실제 관세가 부과되면 세계 교역이 둔화되면서 수출 비중이

## 104. 중국으로부터의 자본 유출 추이

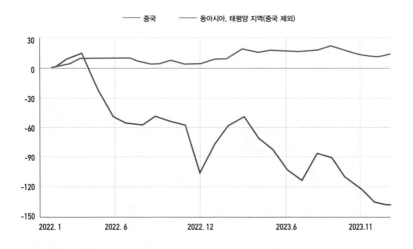

높은 아시아 환율이 가장 타격을 크게 받는다. 이밖에 일본 중앙
은행의 더딘 금리 인상, 중국에서의 자본 이탈 지속 등도 이 지
역 환율의 근원적 약세 요인이다.

　지난 트럼프 1기(2017~2020년) 중 위안화는 관세율이 본격 오
른 집권 2~3년차(2018~2019년)에 10% 이상 절하된 바 있다. 중국
에 대한 미국의 추가 관세율이 60%는 아니더라도 10~20% 정도
만 되어도 위안화는 최소 10% 내외의 추가 절하 압력을 받을 것
이다.

　셋째, 우리 원화와 일본 엔화를 움직이는 고유 요인들은 환율
시장의 뉴 노멀의 시작을 알리고 있다.

　한국은 일본보다 국가 부채 비율이 훨씬 낮고(2023년 기준 GDP

# 105. 원화 가치와 한국 경상 수지 및 정부 부채 비율

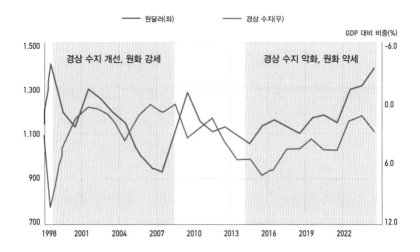

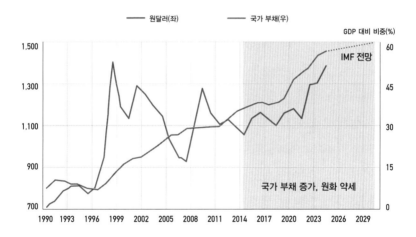

대비 일반 정부 부채 비율: 한국 53.5%, 일본 254%) 재정 수지도 건전한 편이지만 그 추세는 썩 좋지 않다. 게다가 GDP 대비 경상 수지 흑자 추세도 최근 주춤하다. 더욱이 일본은 대외 자산도 많고 준 기축 통화국이지만 우리는 그렇지 않다. 원화가 약해질 수 있는 펀더멘털 요인이 만만치 않다는 뜻이다. 환율 시장의 단기 변동 성을 일일이 정확하게 맞출 수는 없지만 포트폴리오 분산 차원 에서 투자자들은 가급적 달러 자산을 일정 비율 보유할 필요가 있다.

일본 엔화 역시 저평가되어 있다고 보기는 어렵다. 지난 2013년 아베노믹스 출범 이후 일본의 통화량과 일본 중앙은행 BOJ의 국채 보유량은 5배 이상 늘었고 국채 발행 잔고도 크게 증 가했다. 일본의 근본적인 재정 건전성 개선은 어려워 보이며 일 본 정부의 국채 이자 비용 지출 과다로 앞으로 일본 중앙은행의 통화 긴축 강도는 더디게 진행될 것이다.

다만 일시적인 달러 약세(티커명 DXY 달러 인덱스의 하락) 환경 이 조성되고 일본의 이자율이 올라가면 엔화가 강세 압력을 받 으면서 또 다시 엔 캐리 자금이 청산될 수 있다. 엔 캐리 청산이 란 일본의 낮은 이자율로 돈을 빌려 세계 도처에 투자한 자산이 일본 금리가 오르고 엔화가 비싸질 때 이를 일거에 팔아 치우면 서 생기는 환율 변동을 말한다.

일본은 아직도 선진국 중 보기 드문 초저금리 국가로 일본의 저금리 차입과 연계된 자금이 20조 달러로 추정된다. 물론 이를 모두 잠재된 엔 캐리 트레이드 청산 대상으로 보긴 어렵다.

## 106. 엔화 변동과 일본 증시

또 생각하고 싶지는 않지만 일본의 지진 발생은 항상 엔 캐리 청산의 촉매였다. 일본 기상청은 난카이 해곡 대지진이 40년 내에 발생할 가능성이 90%이며 그럴 경우 그 피해액은 2011년 동일본 대지진의 11배라고 섬뜩한 예측을 내놓은 바 있다. 그런 일이 일어나지 않기를 바라지만, 일본의 대지진은 자산 시장의 큰 변동성(엔화 강세와 주가 하락)을 부를 수 있는 그야말로 자산 시장의 또 다른 화산이다. (1995년 1월에 발생한 한신 대지진은 20%의 엔화 강세와 27%의 일본 주가 하락을 초래했으며, 2011년 3월에 일어난 동일본 대지진은 10%의 엔화 강세와 24%의 주가 하락을 불러왔다. 두 차례 대지진 모두 엔 캐리 트레이드 청산을 일으켰고 전 세계 증시도 크게 출렁였다.)

# 한국 주식 투자 시 이것을 유의하라

한 나라의 증시는 그 나라 경제의 거울이다. 한국은 좋은 인적 자원과 기술력, 그리고 다양한 산업 포트폴리오로 경제 구조가 안정되어 있다. 한국 경제의 가장 큰 장점은 세계 경기 변동에 대한 탄력이 높다는 점이다. 하지만 이는 세계 경제가 약할 때는 약점이 되기도 한다.

2024년 12월 현재 국내 증시의 12개월 선행 주가 순자산 비율 PBR은 0.84배로 미국(2.87배), 일본(1.32), 중국(1.23배)보다 낮은 수준이다. 한국 증시가 저평가의 늪에서 벗어나려면 우선 기업 이익이 한 단계 올라서야 하는데 그러려면 국가 경제 전체의 부가 가치 개선이 급선무다. 2023년 기준 코스피 상장 기업의 자기 자본 이익률ROE은 아직 8% 수준으로 다우존스 산업 지수(22.8%), S&P500 지수(18.6%)와 격차가 크다.

또 높은 주가 프리미엄을 받으려면 기업 이익의 변동성이 낮아져야 하고(즉 세계 경기 변동에 따른 한국 기업의 내성이 높아져야 하고) 주주 환원율이 더 개선되어야 하며 환율의 안정과 정치 토양의 개선도 절실하다. 이러한 구조적인 문제들의 개선 없이는 우리 증시는 만년 저평가 함정에서 벗어나기 어렵다.

물론 어떤 짧은 구간에서는 한국 증시가 미국 증시보다 높은 성과를 보일 수도 있다. 하지만 투자자들 입장에서 중장기로 주식 자산을 한국 증시에 더 많이 배분해야 하는 합리적 이유가 부족하다는 것이다. 이런 관점에서 한국 주식 투자에서 유의할 점과 관련된 몇 가지 전략을 살펴보면 다음과 같다.

첫째, 한국 증시는 미국 증시를 아웃퍼폼하는 기간은 짧고, 언더퍼폼하는 기간은 길 가능성이 커서 이를 감안한 투자 전략이 요구된다.

세계 경기가 장기 부진의 늪에 빠지는 구간이나 보호 무역주의가 만연한 국면에서는 국내 증시의 탄력이 해외 증시보다 더 저하될 위험이 있다. 미국의 대중 관세 인상으로 중국 범용재의 범람 가능성도 있어 부가 가치가 낮은 우리의 경기 순환주Cyclical Style는 되도록 피하고 미국의 공급망 보전에 수혜를 입을 산업 중심으로 투자의 범위를 좁히는 것이 좋겠다. 개인 투자자의 경우 당분간 한국 증시에는 분산 투자보다는 5~6개 종목의 집중 투자가 더 유리할 것으로 보인다.

둘째, 한국 증시의 강한 경기 순환적 특성으로 인해 한국 증시에서 장기 투자를 하는 것은 미국 증시에서보다 훨씬 어렵다는 것을 인정해야 한다. 어쩌면 단기 투자가 더 쉬울 수 있다.

특별한 종목이 아니라면 6개월 내지 길면 1~2년 정도로 끊어서 대응하고(강세장이 길어야 2~3년 지속된다는 의미) 당시 경기 순환상 호황을 누리는 수출 주도주와 성장주에 집중하는 편이 낫다. 또 산업 내 수출 경쟁력이 있는 1~2위 우량 기업을 집중 공략하는 것이 유리하다.

셋째로 해외 시장을 성공적으로 공략하는 틈새 기업은 앞으로 더 늘어날 것이다. 산업재에서는 부품이나 장비, 기계 분야에서, 소비재에서는 헬스케어, 음식료, 콘텐츠 분야에서 기대가 높다. 기타 제약·바이오, 방위 산업도 유망하다. 업종을 불문하고 높은 성장성을 보일 수출 기업을 주목해야 한다.

넷째, 한국 증시에도 좋은 가치주들이 숨어 있다. 안정된 수익 모델을 기반으로 본업에서 수익성을 꾸준히 쌓으면서 자산 가치도 우량한 안정 성장형 가치주가 최적이다. 이런 기업들은 대체로 업력이 오래되었고 기업 승계도 끝나 주주 환원율이 높은 경우가 많다. 대부분 중소형주이지만 간혹 대형주에서도 발견된다. 이러한 유형의 가치주들은 주가 변동성이 낮고 주가 흐름이 지루하지만 배당 수익률이 높다면 투자자들의 기다림에 대한 보상은 충분하다.

# 정보를 얻되 반만 믿고
## 나머지 반은
## 자신만의 방법으로 채우자

성공적인 투자를 위해서 우리는 각종 경로를 통해 여러 유형의 정보를 끊임없이 얻는다. 우연히 만난 친구에게서 솔깃한 정보를 듣기도 하고, 주변 지인에게서 투자 아이디어를 얻기도 하고, 자산 관리 전문가에게서 투자 조언을 받기도 한다. 어떤 경우는 귀엣말로 은밀하게 정보를 들을 때도 있고, 각종 방송과 매체를 통해 정보를 얻기도 한다. 전문가 반열에 오른 투자자들은 수준 높은 애널리스트의 보고서나 감사 보고서를 챙겨 읽기도 한다.

이처럼 여러 경로를 통해 습득한 정보에 대해 우리는 의식하든 의식하지 않든 저마다 나름대로 그 가치를 판단하는 과정을 거치고 이를 토대로 의사결정을 내린다. 투자의 세계에서 정보를 취득하고 가공하고 판단하고 적용하는 데 있어 어떤 점에 더 주의를 기울여야 할까?

첫째, 내가 아는 정보가 무엇이든 시장에서 다수가 이미 알고 있음을 인정해야 한다. 경제 전망이나 통화 정책이나 금리나 기업 실적이나 기업의 영업 기밀 모두 그렇다.

극소수만 아는 정보가 있을 수도 있겠지만(소형주의 경우는 그럴 수 있다) 매우 드문 일이고 설혹 그렇다 해도 그 정보는 주가에 일부 또는 상당 부분 반영되어 있을 것이다. 따라서 입수한 정보를 대입해봤을 때 주가가 어떤 상태인지, 즉 밸류에이션을 따져봐야 한다. 내가 알고 있는 정보를 고려하지 않더라도 주가가 싸다면 매수하고, 이미 비싸져 있다면 다시 한번 생각해봐야 한다.

즉 시장에 대해서 "나는 아는 것이 없다."라고 전제해야 한다. 투자의 세계에서는 겸손과 유연함이 중요한데 스스로 시장을 완벽하게 이해하지 못하고 있다고 생각하고 있다면 그것으로 이미 당신은 대단한 성공을 거둔 셈이다(제럴드 로브).

둘째, 입수한 정보는 숙성해서 사용하는 것이 좋다. 물론 따끈따끈한 정보를 받자마자 바로 활용해서 대박이 터지는 경우도 있지만 드문 일이다. 실제 대부분의 투자자들은 들어온 정보를 너무 즉흥적이고 직관적으로 판단해 주저 없이 행동하는 경향이 있다. 문제는 이렇게 사용하는 정보의 가치를 모르기 때문에, 주가 등락에 따라 부화뇌동하게 되어 있다.

현명한 투자자는 습득한 정보의 진위 여부를 꼼꼼히 따져보고 다른 것과 비교하거나 검증해본다. 깐깐하게 따져본다고 해서 반드시 좋은 투자 결과를 얻는 것은 아니고, 반대로 아무 정보나 덥석 물어 활용한다고 다 실패하는 것도 아니다. 하지만 투자를 한두 해 하고 그만둘 게 아니라면 정보를 가공하고 소화하는 훈련을 평생 쌓아가야 한다. "입수한 정보는 반만 믿는다."는 원칙을 세우는 게 좋다. 나머지 반은 자신의 품과 지식과 직관으로 채우는 태도가 필요하다. 그래야 그 정보가 '나만의 것'이 된다.

셋째, 좋은 정보를 놓치지 않고 쓰레기 더미에서 진주를 발견하려면 평소에 경제와 산업에 관한 이해와 직관력을 키워놓아야 한다. 또 최소한의 증권 분석 지식은 정보의 진위를 구분하고 투자하려는 종목이 어느 정도의 값어치를 가지고 있는지를 아는 데 필수다.

가령 현재 시가총액이 30조 원, PER 30배인 기업의 향후 5년 후 이익이 지금의 1조 원에서 5조 원으로 늘어난다는 전제로, 현재 소속 산업의 평균 PER 50배를 곱해서 시총 250조 원을 적정 가치로 본다면 어떨까? 적정 주가는 미래에 벌어들일 이익의 합을 현가화해서 판단해야 한다. 또 만약 이 기업의 이익이 5년 후에 피크라면 최전성기의 이익을 대입해 적정 주가를 산정하는 것은 불합리하다. 또 만약 그 산업에 대한 시장 기대가 지금 최고조라면 산업 평균 PER를 그대로 대입하는 것은 무리다. PER는 시장의 인기에 따라 결코 한자리에 머물지 않는다.

넷째, 기업 관련 정보는 전체 거시 환경이나 산업 사이클을 함께 고려해 활용하는 것이 좋다. 가령 경기 사이클에 따라 경기 순환주들의 주가 프리미엄PER은 상승하거나 위축되는 성향이 있어 이를 감안해야 한다. 특히 경기 확장기에는 성장주들의 실적 호재가 주가에 매우 공격적으로 반영된다. 그런데 만약 성장주의 실적 호조 뉴스에도 불구하고 주가가 탄력적으로 반응하지 않는다면 주가가 거의 정점에 이르렀다는 신호다.

또한 투자자들은 특히 성장주를 투자할 때 산업의 사이클의 위치가 어디쯤 와있는지를 파악하면서 정보를 활용해야 한다. 성장 초기인지(이때의 정보가 알짜다), 아니면 가파른 성장 중반기를 지나가고 있는지에 따라 정보의 가치가 다르다.

가치주야 사실 정직하므로 논란 거리가 적지만 성장주의 밸류에이션은 대체로 뻥튀기가 심하다. 특히 당해 산업의 성장 중반에는 시장에 진입한 다수의 경쟁자가 치킨게임을 벌이고 장밋빛 전망이 난무한다. 곧 과잉 투자의 후유증과 일시적 수요 정체기(캐즘)로 주가는 조정되고 산업 구조는 정리된다. 이때 경쟁에서 살아남아 꽃길을 걸을 기업에 대한 정보가 중요하다.

다섯 번째, 정보의 습득과 의사결정 과정에 반드시 시간과 노력을 쏟아야 한다는 것이다. 공부한다고 반드시 투자에 성공하는 것은 아니지만 공부도 안 하고 성공할 리는 없다. 무엇을 공부해야 하는가?

시장의 추세와 현재의 시장 위치를 파악하고(정확히 맞는 것은 아니지만 필요하다) 지금 대중이 어디로 향해가고 있는지(되도록 그 반대나 조금 다른 길을 찾아야 한다)를 관찰하는 것이 중요하다. 기업 투자와 소비 트렌드가 어디로 향해가는지도 공부해야 한다. 산업에 대한 기초 지식도 틈틈이 쌓아야 하고 성장 산업 안에서 경쟁 구도와 경쟁 우위 기업을 눈여겨봐야 한다.

이러한 과학적이고 객관적인 정보와 함께 정말 중요한 것은

## 107. 정보 습득과 의사결정 과정

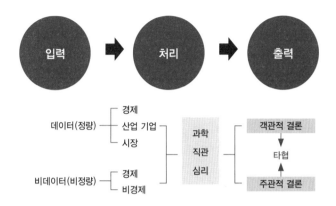

자신만의 직관력일 것이다. 그리고 여기에는 시장의 심리까지도 덧붙여 살펴야 한다. 아무리 훌륭한 분석을 했어도 내가 주식을 매수한 다음에 대중이 사줘야 성공할 수 있고, 내가 주식을 판 다음에 대중이 팔아야 투자에 성공할 수 있기 때문이다. 즉 시장의 심리가 어느 쪽으로 흐르고 있는지, 나의 판단이 시장에 무분별하게 휩쓸리고 있지는 않는지를 늘 점검해야 한다.

투자는 객관적 결론(과학)과 주관적 결론(감성) 사이에서 끊임없이 타협하는 과정인지도 모른다. 분명한 것은 투자는 전투이고 주식 시장은 야성 가득한 정글이다. 누구나 길을 잃기 쉽게 설계되어 있으며 곳곳에 함정과 맹수가 가득하다. 이런 환경에서 승리한다는 것은 결코 우연이 아니다.

**1**  제레미 시겔, 《주식에 장기투자하라》(이건 옮김, 이레미디어, 2025) 참고해 작성.

**2**  IMF. 2021년 실질 GDP 기준.

**3**  장기 순환 파동은 구소련 경제학자 콘드라티예프가 발견한 '콘드라티예프 사이클'로 설명된다. 50~60년 주기의 이 파동은 기술 혁신, 신자원 개발 등에 영향을 받는 장기 경기 순환 주기이다. 산업혁명이 장기 경기 파동과 밀접하게 연관돼 있다.

**4**  4차산업혁명위원회, 〈4차산업혁명 대응 계획〉(관계 부처 합동, 2019.7).

**5**  현대경제연구원(2022.9.5).

**6**  각 해당 기관 리서치.

**7**  조지프 나이, 《미국의 세기는 끝났는가?》(이기동 옮김, 프리뷰, 2015). 조지 모델스키는 강대국의 지위 변화 100년 주기설을 주장한다.

**8**  골드만삭스(2021).

**9**  연준, 야데니 리서치Yardeni Research.

**10**  IMF(2024.4).

**11**  연준, 트레이딩 이코노믹스Trading Economics. 달러 인덱스(DXY)는 6개 선진국 통화 가치 대비 달러의 가치를 나타내는 환율 지수다. 달러 인덱스에 포함된 환율 비율은 유로화 57.6%, 일본 엔화 13.6%, 영국 파운드화 11.9%, 캐나다 달러화 9.1%, 스웨덴 크로나화 4.2%, 스위스 프랑화 3.6%로 이들 환율을 가중 평균해 계산한다. 미국 통화를 다른 여러 나라 통화와 가중 평균해 계산하는 달러 인덱스는 1973년부터 사용 중이다.

**12**  미국 노동통계국. 2020년 11월부터 2024년 5월까지 구인율(노동 수요)과 실업률(노동 공급)의 관계. 우하향 형태의 곡선을 영국의 경제학자 윌리엄 베버리지의 이름을 따 '베버리지 곡선'이라고 부른다. 2024년 11월 기준 구인율 4.8%, 실업률 4.1%. 구인율 =빈 일자리÷경제 활동 인구. 실업률=실업자 수÷경제 활동 인구.

**13**  연준. 연준이 제로 금리를 유지했던 2011년과 2015년에도 하이일드 금리는 상승했다.

**14**  IMF GFSR(2023.10).

**15**  OECD(2024.5).

**16**  IMF, 〈세계 금융 안정성 보고서〉(2024.4).

**17**  IMF(2024.4).

**18**  OECD(2024.2). 2007년 말 대비 2023년 9월 말 비교.

19  IMF. 전 세계 GDP 대비 국가 부채 비율은 2차 세계대전 후 최고 수준이다.

20  IBK투자증권 정용택, IMF·국제결제은행 〈글로벌 인사이트〉. GDP 대비 통화의 비중을 나타냈으며, 플러스(마이너스) 영역은 대외 자산이 대외 부채보다 많은(적은) 국가를 의미한다.

21  대한민국 정부.

22  통계청. 박상인, 《지속 불가능 대한민국》(21세기북스, 2022). 1차 산업은 농업, 어업, 산림업. 1인당 GDP, GDP 대비 수출 비중, 총고정 투자율, 1차 산업 비중은 2023년 기준. 1인당 GDP는 2015년 달러 기준.

23  통계청.

24  《한국통계연감》(2000).

25  한국은행(2024.12).

26  세계은행(2024). IMF(2021)의 공공 인프라 효율성 지수에 대한 각 국가 그룹의 중앙값. 27개 선진국, 93개 신흥국·15개의 저소득 국가를 표본으로 조사되었다.

27  국제결제은행BIS(2024.7.7). 총부채 원리금 상환 비율DSR은 한 해 동안 갚아야 하는 원금과 이자를 합한 금액을 연소득으로 나눈 값이다.

28  통계청 가계 동향 조사. 평균 소비 성향=소비 지출÷가처분 소득. 2017~2018년에는 평균 소비 성향 시산에 필요한 조사 항목이 생략되었다.

29  한국은행.

30  현대경제연구원(UN 통계를 이용한 계산). 세계은행, 2021년 기준(유럽은 2022년 기준).

31  OECD(2023.11). 2022년 기준 고용 노동자 1인당 GDP.

32  IMF(2024.7). 11개 선진국과 9개 이머징 마켓 및 개발도상국 대상(2021년 세계 총생산의 약 55% 차지). 구매력 평가 가중 평균.

33  미국의회예산국(2023.6).

34  세계은행(2024.6). GDP 가중. 미국, 유로존, 영국 대상이며, 전망은 기준 금리 선물 커브에 근거한다.

35  OECD(2002.7).

36  미국 의회예산처(2023). 중장기 재정 적자 확대 전망은 향후 국채 발행이 더 늘어나 채권 시장에서 금리가 오를 가능성이 높음을 시사한다.

37  OECD(2024.5). 3개월 이동 평균3MMA을 나타냈다.

38  연준.

39  〈미국 공화당 정강집〉. 각 언론 보도 자료를 종합해 저자 정리.

40  대외경제정책연구원 무역통상안보실 유지윤(2024.6.28). 로버트 라이시저 전 USTR 대표는 1930년 관세법과 비상경제수권법 등을 법적 근거로 활용한다.

**41** 하나증권, 〈2024 Trump Agenda 47〉(2024.7.5).

**42** 미국 의회예산처(2023.7). 2021년 USD.

**43** 해리 덴트의 견해 및 폴 호큰의 《자연자본주의》(공존, 2000) 일부를 참고했다.

**44** 위의 책 참고. 해리 덴트는 250년 주기의 기술 혁명 주기를 주장하면서 미래는 아시아가 패권을 쥘 것으로 전망했다.

**45** 저자 작성.

**46** 동아일보(2024.7.17), KID국제정책대학원 박재혁 교수(원자료는 네이처 커뮤니케이션). 알파고를 개발한 구글 딥마인드 팀에서 짠 프리미어리그 코너킥 1,941개 경기에서 발생한 3만 4,938개의 숏과 그에 대한 패스 데이터를 활용한 '택틱 AI'다. 로지스틱 회귀, 랜덤 포리스트, 인공 신경망 등 세 가지 기계 학습 모델을 훈련하고 테스트한 결과다.

**47** 연준.

**48** 세계은행(2024.6).

**49** OECD(2024.5).

**50** 세계은행(2024.6).

**51** 현대경제연구원 VIP 리포트(박용정 연구위원 외, 2023.6).

**52** GFP 2024년 기준(GPI=Global Firepower Index). 142개국을 대상으로 하며 숫자가 낮을수록 군사력이 강함을 뜻한다. 군사비, 총 병력, 전차, 전투기, 원자력 잠수함, 항공모함, 함선, 장갑차, 화포, 헬기, 대지 공격기 등을 종합 고려한 순위로 북한은 28위다.

**53** 산업연구원KIET(2022.8). 반도체·과학법 'Title Ⅵ. Sec. 10611 & 10612'를 참고해 산업연구원에서 정리.

**54** IPCC(2024). 1850~1900년 대비 지표면 평균 기온 상승치를 나타낸다. 탄소 감축이 지구 온난화에 미치는 영향을 보여준다. IPCC의 탄소 감축 관련, 지표면 기온 상승 시나리오를 나타낸다.

**55** 세계은행(2024.6).

**56** 글로벌 카본 아틀라스Global Carbon Atlas(2024). 2023년 기준.

**57** 국제에너지기구IEA, 조선일보(2024.8.31).

**58** 한겨레신문(2024.8.30). 탄소중립녹색성장위원회가 2023년 초에 발표한 '제1차 국가 탄소 중립·녹색 성장 기본 계획'의 연도별 온실가스 감축 목표. 탄녹위는 2023~2027년 연평균 1.99%씩 차츰 줄여가다가, 2027년 이후 3년 동안 연평균 9.29%로 감축량을 급속도로 늘린다는 계획을 세웠다. 사실상 2030년까지 감축해야 할 총량의 75%를 다음 정부로 미룬 셈이다.

**59** OECD(2023.11). 2019~2021년의 평균 또는 최신 가용 데이터를 기준으로 삼았다.

**60** IEA, 〈세계 에너지 전망〉(2023).

61 블룸버그. CRB 지수는 국제 원자재 조사회사인 CRB Commodity Research Bureau사가 발표하는 지수로 원자재 가격의 국제 기준 역할을 한다. 곡물, 원유(WTI), 천연가스, 산업용 원자재, 귀금속, 오렌지주스 등 21개 주요 상품 선물 가격을 2005년에 결정된 비율에 따라 산술 평균해 계산한다. 지표 산출에 적용되는 가중치는 곡물 및 기호식품 41%, 에너지 39%, 금속 20% 등이다. 1967년을 100으로 해서 매일 발표된다. CRB 지수는 1986년 NYFE New York Futures Exchange에 선물 지수로 상장되었다.

62 연준.

63 인베스팅닷컴. 우라늄의 파운드당 가격 추이다. 우라늄은 전 세계적인 원자력 발전소 건설 붐에 맞춰 중장기 가격 상승이 예상되는 대표적 광물이다.

64 트레이딩 이코노믹스.

65 연준.

66 IMF GFSR(2023.10.) 중앙은행의 자산 규모는 중앙은행이 화폐를 얼마나 발권했는지 그 규모를 간접적으로 나타낸다. G10 중앙은행 자산은 2007년 이후 25조 달러가 증가했는데 이 중 약 절반인 12조 달러가 팬데믹 기간 중 증가했다.

67 트레이딩 이코노믹스.

68 이베스트증권, 《한국형 탑다운 투자 전략》(에프엔미디어, 2023). 원자료는 메탈 포커스 Metal Focus, USDA 등. 광산 생산 기준.

69 야데니 리서치.

70 UN, 〈세계 인구 전망〉.

71 한국은행(2023.12). 주요국 총인구 대비 65세 이상 인구 기준.

72 통계청, OECD. 고령화율=노인 인구(만 65세 이상)÷생산 가능 인구(만 20~64세)×100

73 C기업 IR자료(2024.2). 글로벌 EBD 시장 성장 전망.

74 NEOM, 한화투자증권 리서치센터.

75 산업통상자원부.

76 현대경제연구원, 한국문화산업교류재단(2024.7).

77 관계 부처 및 언론 보도 정리(2024).

78 MSCI, 한국투자신탁운용(2022). 한국의 주주 환원율은 중국과 동남아의 평균보다도 낮다.

79 이데일리. 토빈 Q=기업의 총 시장가치÷총 자산 가치. 토빈 Q 값이 클수록 주가가 기업의 청산 가치보다 높게 형성되었다는 의미다.

80 야데니 리서치(2024.8). 공휴일 포함, 주말 제외. 1966년부터 2024년까지 총 아홉 차례 강세장 흐름을 표시.

81 런던증권거래소. 1988~2014년 기간. S&P500 포워드 PER와 주식 시장의 연간 토털

리턴(이후 10년)을 비교한 것이다.

82 연준.

83 뉴욕연방은행. 경기 침체 기간(미국경제연구소 사후 정의)이 장단기 금리차가 정상화(플러스)되는 국면과 일치한다.

84 야데니 리서치. PMI 지수는 설문조사 방식으로 집계되며 50 이상이면 경기 호황, 50 미만이면 경기 부진을 뜻한다.

85 우라가미 구니오, 《주식 시장 흐름 읽는 법》(박승원 옮김, 한국경제신문사, 1993) 참고해 정리했다.

86 연준.

87 저자 작성.

88 구글 이미지 참고해 저자 작성.

89 야데니 리서치. 음영은 침체 기간을 의미한다(NBER의 사후 정의).

90 연준, IMF, 각종 문헌 참조. 세계 대공황 위기부터 코로나19 위기까지 1차·2차 석유 파동과 아랍의 봄 위기, 코로나19 위기를 제외한 나머지 경제 위기는 모두 부채와 관련된 위기였으며 자산 시장 버블을 동반한 경제 위기였다.

91 FRED, 미국 시카고옵션거래소CBOE.

92 연준. 20개국 경제 정치 불확실성 지수Global Economic Policy Uncertainty Index(평균). GDP 가중 방식으로 산출했다.

93 블룸버그.

94 IMF, 〈세계 금융 안정성 보고서〉(2024.4). M7은 엔비디아, 마이크로소프트, 애플, 메타 플랫폼, 구글의 모회사 알파벳, 테슬라, 아마존을 말한다.

95 LG경제연구원(2018.7).

96 저자 작성.

97 야데니 리서치(2024.7). M8은 알파벳, 애플, 아마존, 메타, 마이크로소프트, 넷플릭스, 엔비디아, 테슬라를 가리킨다.

98 야데니 리서치. S&P500 기업 이익과 미국 경기 지수 추이를 비교한 것인데, 경기 침체 기간에는 기업 이익도 크게 부진했음을 확인할 수 있다. 하지만 경기 침체 폭에 비해서는 기업 이익의 훼손 정도가 상대적으로 작은 편이었고 침체 기간을 벗어나면 기업 이익이 탄력적으로 계속 증가해왔음을 알 수 있다. 즉 미국 기업이라고 해도 경기 침체 기간을 피해갈 수는 없었지만 장기적으로 기업 이익은 양호했고 꾸준히 증가해왔음을 주목할 필요가 있다.

99 각국 증권거래소. 2024년 12월 말 기준. 나스닥=1224.5, S&P500=651.1, 코스피 =213.4

100 연준. 달러 인덱스는 DXY(선진 6개국 가중평균). 2011년 달러 인덱스 69.7(2024년 말 108.5).

101 연준 기준 금리는 실효 금리 기준.

102 대상 국가는 독일, 프랑스, 호주, 일본, 중국, 한국 6개국이고 단순 평균. 국채 3년물 국채 이자율 기준이다. 달러는 DXY.

103 연준.

104 세계은행(2024.1).

105 통계청, 한국은행.

106 블룸버그.

107 저자 작성.

1 《변화하는 세계 질서》(한빛비즈, 2022)의 저자이자 세계 최대 헤지펀드 회사인 브릿지
　워터 어소시에이츠(운용자산 약 180조 원)사의 공동 창업자인 레이 달리오가 한 말이다.
2 《투자에 대한 생각》(2012)과 《투자와 마켓 사이클의 법칙》(2018)이라는 책의 저자이
　자 오크트리 캐피털 매니지먼트사(운용자산 약 134조 원)의 공동 창업자인 하워드 막스
　가 한 말이다.
3 기업 부채 관련 내용은 한국은행 보고서와 LG경영연구원 보고서(이동현, 2024.7)를 일
　부 참조하여 작성하였다.
4 플라자 합의Plaza Agreement는 1985년 9월에 G5 재무장관들이 맺은 달러화 강세 시
　정 조치를 말한다. 뉴욕 플라자 호텔에서 맺은 협약으로 플라자라는 이름이 붙었다.
　1980년대 미국과 일본의 만성적 무역 불균형을 시정하기 위해 미국의 달러 가치를
　떨어뜨리고 일본의 엔화 가치를 끌어올림으로써 무역 수지의 불균형을 해소하려고
　했다. 이로 인해 1980년대 중후반에 한국은 3저(유가, 금리, 환율) 호황의 반사 이익을
　누렸다. 플라자 합의 이전에 달러당 259엔이었던 엔화 가치는 1987년 블랙 먼데이를
　거치면서 140엔대로 올라섰고, 아시아 외환 위기 직전인 1995년에는 달러당 84엔까
　지 상승했다. 이처럼 과도한 달러 약세로 인해 1995년 4월에는 이른바 역플라자 합
　의가 이루어졌다. 아시아 외환 위기는 투기 세력들이 엔화 가치를 다시 떨어뜨리려
　는 과정에서 해당 국가들의 외환 부족 사태가 일어나면서 촉발되었다. 엔화는 이후
　1998년에 141엔으로 고점을 찍은 후 하락세로 돌아서며 다시 안정을 되찾았다
5 1850년에 설립된 리먼 브라더스는 글로벌 주식 채권 인수 및 중개, M&A 등을 주된
　사업으로 영위하던 글로벌 투자은행(IB)이었다. 당시 리먼 브라더스의 미국 IB 랭킹
　은 골드만삭스, 모건스탠리, 메릴린치에 이어 4위였다. 2001년 9·11 사태 이후 연준
　은 경기 부양을 위해 초저금리를 유지했고 이 과정에서 부동산 가격이 상승했다. 연
　준은 경기 과열을 우려해 기준 금리를 2004년에 1.0%에서 2006년에 5.25%까지 올
　렸다. 높은 금리 부담으로 2007년부터 미국 부동산 가격이 하락하자 수많은 대출자
　가 높은 이자를 감당하지 못하게 되었고, 낮은 신용 등급의 부동산 담보 대출인 서
　브프라임 모기지론의 부실이 눈덩이처럼 커졌다. 리먼 브라더스는 서브프라임 모기
　지 부실과 파생상품의 손실에 따른 6,130억 달러 규모의 부채를 이기지 못하고 결국
　2008년 9월 15일에 뉴욕 남부법원에 파산 보호를 신청했다.
6 문병로, 《메트릭 스튜디오》(김영사, 2014).
7 〈한겨레신문〉(2024.11.26).

**8** 처음에는 매년 12월 페루 연안의 난류를 지칭하던 용어였으나 남미 서해안에 호우가 자주 발생하는 기상 이변을 엘니뇨라고 불렀다. 이후 엘니뇨가 국지적 현상이 아니라 전 지구 기후에 큰 영향을 미치게 됨에 따라 열대 태평양의 대규모 고수온 현상을 지칭하게 되었다. 엘니뇨의 정의는 국가마다 조금씩 다른데, 국제(미국) 기준으로는 엘니뇨 감시 구역의 3개월 이동 평균 해표면 수온 편차가 섭씨 0.5도 이상인 기간이 5개월 넘게 지속될 때, 그 첫 달을 엘니뇨 발달의 시작으로 본다.(해양학백과)

**9** 원자재 슈퍼 사이클은 이례적으로 매우 장기간 가격이 계속 오르는 국면으로 유동성, 인플레이션, 수요 증가, 공급 차질 요인 등이 복합적으로 가세된 가격 상승 국면을 말한다. 물론 이런 슈퍼 사이클도 결국 장기 평균가격으로 회귀한다. 웰스파고 투자연구소 실물자산 전략가 존 라포지는 1791년 이후 세계 원자재 슈퍼 사이클은 총 6회였고, 지금은 2020년 3월에 시작된 일곱 번째 슈퍼 사이클이 진행 중이라고 주장한다. 그는 원자재 슈퍼 사이클은 경제가 반드시 호황이 아니어도 올 수 있다고 봤다. 그는 향후 원자재 슈퍼 사이클의 정점을 2045년으로 봤는데 이는 직전 정점인 1980년 이후 65년이 지난 시점과 일치한다.

**10** 전문가들은 한국의 곡물 자급률이 20%가 채 안 돼 식량 안보를 위해 자급률을 높이기 위한 중장기 정책이 필요하다고 말한다. 농촌경제연구원에 따르면 한국의 밀과 옥수수의 최근 3년(2021~2023년) 평균 곡물 자급률은 19.5%인데 이는 2008년 31.3%에 비해 낮아진 수치다. 같은 기간 중국도 10%p 하락했지만 일본은 27.5%로 거의 같은 수준을 유지하고 있다. 이코노미스트 인텔리전스 유닛이 발표하는 세계 식량 안보 지수를 보더라도 한국은 113개국 중 39위(2012년 21위)로 식량 안보와 곡물 수급 안정을 위해 적절한 정책적 노력이 필요하다고 지적된다.

**11** 현대경제연구원, VIP리포트(2024.8).

**12** 제러미 시겔,《주식에 장기 투자하라》(이건 옮김, 이레미디어, 2015).

**13** 켄 피셔, 라라 호프만스,《주식 시장은 어떻게 반복되는가》(이건 외 옮김, 에프엔미디어, 2020).

**14** 톰 호가드,《잘 잃어야 잘 번다》(정진근 옮김, 에디터, 2023).

**15** 선진 10개국(G10) 중에서는 2024년에 스웨덴과 스위스에 이어 캐나다가 4년 만에 금리를 내렸고, 유럽중앙은행ECB도 2024년 6월에 8년 만에 금리를 인하했다.

**16** 헤리 덴트,《2019 부의 대절벽》(안종희 옮김, 청림출판, 2017).

**17** 제럴드 로브,《목숨을 걸고 투자하라》(박정태 옮김, 굿모닝북스, 2008).

김한진의
투자의 눈
투자의 길